Weiß wie Schnee und schwarz wie Ebenholz:

Weißer Schweizer Schäferhund

A. Ketschau

Bibliografische Information der Deutschen Nationalbibliothek:

Die Deutsche Nationalbibliothek verzeichnet diese Publikation in der Deutschen Nationalbibliografie; detaillierte bibliografische Daten sind im Internet über

http://dnb.d-nb.de abrufbar.

© 2019

Herstellung und Verlag: BoD – Books on Demand, Norderstedt

Ketschau, A.

Weiß wie Schnee und schwarz wie Ebenholz: Weißer Schweizer Schäferhund

ISBN 9783749454211

INHALT

Teil 1: Der Weiße Schweizer Schäferhund

Weiß wie Schnee und schwarz wie Ebenholz: Die Erscheinung

Die genaue (erwünschte) äußere Erscheinung des Weißen Schweizer Schäferhundes ist im FCI-Rassestandard Nr. 347 nachzulesen. Der Weiße Schweizer Schäferhund ist ein mittelgroßer bis übermittelgroßer, stock- oder langstockhaariger Hund. Beide Haararten verfügen über reichlich Unterwolle und Deckhaar. Der Weiße Schweizer Schäferhund ist wenig länger als hoch, darf aber nie kurzbeinig wirken. Die Widerristhöhe soll zwischen 53 und 66 cm liegen, das Gewicht zwischen 25 und 40 kg, aber hier und da werden die Hunde größer. Überschreitet der Hund die 68 cm, bleibt er ein Familienhund ohne Nachkommen. Hündinnen sind oft etwas kleiner und zierlicher als Rüden, aber nicht grundsätzlich. Manchmal gibt es auch kleinere Rüden und größere Hündinnen. Das Stockhaar (oder Kurzstockhaar) ist etwa 2,5-5 cm lang, wirkt insgesamt relativ kurz. Das Langstockhaar ist 5-10 cm lang, Rücken, Hals, Rückseite der Läufe und Rute sind länger behaart. Beide Haararten verfügen über ausreichend Deckhaar und Unterwolle, beim Langstockhaar ist das Deckhaar insgesamt etwas länger. Es ist statthaft und auch üblich, beide Haararten untereinander zu kreuzen. Hier und da finden sich Hunde, die man nicht mehr eindeutig einer der beiden ursprünglichen Haararten zuordnen kann. In Deutschland und Österreich findet man überwiegend Langstockhunde, während das kurze Stockhaar recht selten geworden ist. In den Niederlanden und der Schweiz findet man aber immer noch vermehrt Kurzstockhaarhunde. Ich persönlich favorisiere den Langstockhund, aber auch Kurzstockhaarhunde sind sehr attraktiv, und es wäre schade, wenn diese Haarart verschwinden würde. Das dichte Fell schützt den Hund vor Witterungseinflüssen, vor Kälte, Nässe, sogar ein wenig vor Hitze. Aufgrund der hellen Farbe sind die Hunde ohnehin weniger hitzeanfällig. Dennoch braucht der Hund bei großer Hitze einen kühlen, schattigen Platz und ausreichend Trinkwasser. Auf sportliche Höchstleistungen sollte man bei Hitze verzichten! Langstockhaar haart weit weniger als Kurzstockhaar, weil das abgestorbene Haar von den festsitzenden Haaren festgehalten wird. Langes Haar lässt sich von Teppichen und Polstern auch einfacher entfernen als kurzes. Ein artgerecht ernährter und gut gepflegter Hund stinkt nicht und haart auch rundweg weniger als ein mit Getreideabfällen traktierter Hund, der über die Haut permanent zu entgiften versucht. Natürlich wird man im Hundehaushalt Bürste und Staubsauger öfter zur Hand nehmen müssen, aber es hält sich in Grenzen. Der Weiße wird nicht schmutziger als ein farbiger Hund. Getrockneter Schmutz fällt einfach aus dem Fell oder kann ausgebürstet werden. So sind auch die schwärzesten Pfoten nach ein paar Stunden wieder weiß. Das Fell sollte richtig weiß sein, die Hautpigmentierung schwarz bis blau. Bei manchen Hunden ist die Haut komplett pigmentiert, bei anderen finden sich blaue Flecken auf der Haut. Hier und da gibt es auch Hunde mit heller Haut. Nase, Lidränder, Lefzen und Ballen sollen schwarz sein. Aber auch hier kann das Pigment aufgehellt sein. Je nach Grad der Abweichung kann dies zum Zuchtausschluss führen. Ein totaler Pigmentverlust an Haut und Ballen sowie blaue Augen führen zum Zuchtausschluss. Bei manchen Hunden ist die Haut hell oder weist blaue Flecken auf, während die sichtbaren Hautstellen (Nase, Lefzen, Lidränder, Ballen) schwarz sind. Die Augen sollten dunkelbraun sein. Hellbraune Augen dunkeln im Laufe der Jahre oft nach. Blaue Augen führen zum Zuchtausschluss. Die meisten Weißen Schweizer Schäferhunde sind schneeweiß. Hier und da gibt es auch Hunde, die am Rücken, den Ohren und / oder der Rute leichte bis starke gelbliche bis rötliche Wildfärbungen aufweisen. Wie Pigmentschwächen ist dies nicht erwünscht, aber es gibt weit Schlimmeres! Solche Hunde sollten jedoch – sofern sie zur Zucht verwendet werden – mit solchen Hunden verpaart werden, die das gewünschte schwarze Pigment und die weiße

Farbe aufweisen. Alleine aufgrund einer leichten Pigment-schwäche und einer Wildfärbung sollte ein Weißer Schweizer Schäferhund aber nicht von der Zucht ausgeschlossen werden. Und zuchtuntaugliche Hunde können immer noch gute Famili-en-, Begleit- und Arbeitshunde sein. Außerdem haben wildfar-bene Hunde zu Recht ihre Liebhaber! Es gibt durchaus Men-schen, denen eine Wildfärbung recht gut gefällt. Es wäre ja auch langweilig, wenn alle Weißen Schweizer Schäferhunde gleich aussehen würden, oder? Dennoch sollten Weiße Schwei-zer Schäferhunde mit (vertretbaren) Pigmentschwächen und/ oder Wildfärbung mit Hunden verpaart werden, die das ge-wünschte Pigment und die reinweiße Farbe aufweisen. Die Nase sollte schwarz sein. Manche Hunde reagieren empfindlich auf Temperaturen, weshalb die Nase im Winter aufhellt und ganz rosa werden kann. In der wärmeren Jahreszeit wird die Nase wieder schwarz. Das nennt man Wechsel- oder Schneenase. Das ist nichts Schlimmes und pendelt sich meist wieder ein. Ei-nige Hunde reagieren auch auf Kunststoff mit Pigmentstörungen der Nase. Ein Kunststoffnapf ist sowieso unpraktisch und unhygi-enisch und sollte gegen Metall, Glas, Porzellan oder Keramik er-setzt werden. Bei kastrierten Hunden kann das Pigment aufhel-len, bei läufigen Hündinnen (vorübergehend) ebenfalls, wäh-rend bei säugenden und tragenden Hündinnen das Pigment meist gut ausgeprägt ist, was nach der Säugephase manchmal wieder etwas nachlässt. Läufige Hündinnen können auch vo-rübergehend eine stärkere Wildfärbung aufweisen. WSS-Welpen werden vollkommen pigmentlos geboren, nach etwa 10-15 Ta-gen fangen die dunklen Pigmente in der Haut an, sich heraus-zubilden. Manche Weißen Schweizer Schäferhunde werden mit dem Alter etwas gelblicher, wobei das Hautpigment bei älteren Weißen Schweizer Schäferhunden ebenfalls manchmal ein we-nig heller wird. Manche Hunde reagieren auf Außentemperatu-ren. Es gibt allerdings auch krankhaften Pigmentverlust. Einige Hunde reagieren daneben auch auf kältere Außentemperatu-ren mit gelblicher oder rötlicher Wildfärbung. Hier sind Ruten,

Ohren, Rücken leicht oder auch stärker verfärbt. Dies kann genetisch bedingt sein, solche Hunde haben oft farbige oder wildfarbene Ahnen. Auch läufige Hündinnen können mit Wildfärbung reagieren, was sich nach der Hitze wieder gibt. Ebenfalls können bestimmte Futterzusätze (Algen, Luzerne, Blut, Tomaten, Karotten, Kupfer usw) zu Wildfärbung führen. Allerdings reagieren nicht alle Hunde gleich darauf, und einem Hund darf kein lebenswichtiger Nährstoff vorenthalten werden, nur damit er schön weiß bleibt! Zu Recht haben auch wildfarbene Weiße Schweizer Schäferhunde ihre Liebhaber (auch wenn das Hautpigment etwas aufgehellt sein sollte), und auch solche Hunde sehen durchaus attraktiv aus.

Sanft, anhänglich und lebhaft: Das Wesen

Der Weiße Schweizer Schäferhund ist extrem anhänglich. Immer will er bei seinen Menschen sein (bei guter Erziehung und Auslastung kann er aber durchaus ca. 5-6 Stunden täglich alleine bleiben). Dauernd läuft er einem vor den Füßen herum und quetscht sich in die kleinste Nische, nur um Herrchen oder Frauchen zu Füßen zu liegen. Bei guter Zucht und Aufzucht ist er ein echter Kinderfreund. Er ist ein guter Wachhund und verteidigt seine Menschen bis zum Letzten. Bei guter Erziehung ist er kein Kläffer. Er braucht täglich 2-3 Stunden Auslauf (Welpen anfangs ½ bis 1 Stunde über den Tag auf mehrere kleine Spaziergänge verteilt). Zusätzlich braucht er Anregungen. Nasenarbeit z.B. lastet extrem aus und macht den meisten Hunden Spaß. Aber auch als Reitbegleithund, als Therapiebegleit- oder Besuchshund, beim Agility, als Rettungshund, beim Joggen, Wandern usw ist der Weiße ein geeigneter Begleiter. Hauptsache, er darf dabei sein und hat etwas zu tun. Als ehemaliger Hütehund braucht er unbedingt eine Aufgabe. Intelligenz, die Freude am Arbeiten und Lernen ist ihm in die Wiege gelegt. Natürlich kann nicht jeder Weiße Schweizer Schäferhund „alles". Der eine ist ein guter Schutzhund (allerdings fehlt den meisten Weißen die gewünschte Schärfe und Härte – und das ist auch gut so, schließlich wollen wird doch kein Abziehbild des Deutschen Schäferhundes, oder? Leider hat man bei einigen Weißen Schweizer Schäferhunden den Eindruck, dass sich die Zucht hier und da in die falsche Richtung entwickelt….). Der andere liebt Nasenarbeit, Fährten, Mantrailing, Schnüffelspiele... Auch Agility, Schwimmen, Radfahren usw machen viele Weiße begeistert mit. Sogar vor dem Hundeschlitten sieht man hin und wieder Weiße Schweizer Schäferhunde! Obwohl der Weiße nicht zu den anerkannten Diensthunderassen zählt, sieht man ihn – in Ausnahmefällen! – als Diensthund bei der Polizei. Ebenso sind Weiße Schweizer Schäferhunde oft gute Behindertenbegleithunde. Weiße Schweizer Schäferhunde sind leichterziehbar und leichtführig. Dennoch muss ein Weißer Schweizer Schäferhund von klein auf erzogen und sozialisiert werden wie andere Hunde auch. Keinesfalls ist es unbedingt notwendig, mit einem normal veranlagten Weißen in die Hundeschule zu gehen, sofern man keine Prüfungen ablegen oder Hundesport „profimäßig" betreiben möchte. Das heißt allerdings nicht, dass es falsch ist, es doch zu tun. Man kann sich mit Gleichgesinnten austauschen, sich Tips und Anregungen holen, der Weiße hat Kontakt zu anderen Hunden und man bekommt vielleicht die Möglichkeit, den Weißen weitergehend auszulasten – für die Grunderziehung notwendig ist die Hundeschule allerdings nicht. Der Weiße wird ohnehin zu Hause und auf Spaziergängen erzogen, keinesfalls auf einem Hundeplatz. Wer sich unsicher ist oder einen Problemhund sein Eigen nennt, tut allerdings gut daran, sich an einen vernünftigen Trainer zu wenden. Selbstverständlich muss schon der Welpe ordnungsgemäß erzogen und sozialisiert werden, sonst schafft man sich ein ernstes Problem. Aus guter Zucht stammend, artgemäß aufgezogen und erzogen, artgerecht ausgelastet und als vollwertiges Familienmitglied integriert, ist der Weiße ein toller, zuverlässiger und extrem anhänglicher Begleiter, der unser Leben über hoffentlich viele Jahre bereichern wird. Im Schnitt werden Weiße Schweizer Schäferhunde ca. 12-15 Jahre alt, hier und da bringen es auch Exemplare auf bis zu 17 Jahre. In dieser Zeit muss der Hund artgerecht gehalten und versorgt werden, der Urlaub muss auf den Hund abgestimmt werden und man sollte auch den finanziellen und zeitlichen Aufwand nicht vergessen. Ein Welpe aus guter Zucht mit Papieren kostet ab ca. 1000 €. Für den jährlichen Unterhalt sollte man ebenfalls ca. 1000 € einplanen. Dabei berücksichtigt sind Futter, Versicherung, Steuer und Tierarzt. Eventuelle weitere Ausgaben (z.B. Zuchtschau- und Hundeschulbesuche, Tierpension, Hundetagesstätte) sind ggfs. zusätzlich zu berechnen. Eine unvorhergesehene Behandlung beim Tierarzt kann schonmal mit mehreren Hundert € zu Buche schlagen. Was ist mit dem Hund im Urlaub? Muss der Hund täglich länger als 5-6 Stunden alleine bleiben (Welpen anfangs noch nicht ganz so lange), muss man sich nach einer guten Lösung, etwa einer Hundetagesstätte oder einem privaten Hundesitter, umsehen. Die Kosten können natürlich je nach den Umständen schwanken. Im Übrigen hält man einen Weißen Schweizer Schäferhund in der Wohnung bzw im Haus und sperrt ihn keinesfalls dauerhaft auf das Grundstück! Der sensible Weiße verträgt eine permanente Außenhaltung seelisch schlecht (wie zahlreiche andere Hunderassen übrigens ebenfalls), auch wenn er körperlich ganz gut damit klar käme. Der Weiße ist eine anhängliche Schmusebacke, die einem im Haus auf Schritt und Tritt unauffällig folgt. Wo ein Familienmitglied ist, ist normalerweise auch der Weiße zu finden. Draußen dreht er dafür richtig auf und muss auf seine Kosten kommen. Manche Weißen verhalten sich gegenüber unbekannten Umwelteinflüssen zunächst vorsichtig, untersuchen die Sache aber schnell genauer und wenn sie als ungefährlich eingestuft wurde, ist alles in Ordnung. Keinesfalls darf sich Angst, Aggression oder Scheu zeigen! Andere Weiße kennen gar keine Scheu. Alles wird sofort untersucht und beäugt. Hin und wieder hört man auch von ängstlichen und aggressiven Weißen Schweizer Schäferhunden. Diese gibt es tatsächlich! Sie stammen aber fast immer aus schlechten Zwingern. Die großen Vereine haben durch ihre

Zuchtrichtlinien, Wesenstests usw inzwischen eine enorme Verbesserung des Wesens erreicht. Wesensschwache Hunde müssen konsequent von der Weiterzucht ausgeschlossen werden (das gleiche gilt für Fehlervererber, kranke Hunde ect.). Die meisten Weißen Schweizer Schäferhunde sind aber gesundheitlich robust und charakterlich echte Sonnenscheine! Weiße Schweizer Schäferhunde sind sensibel und vertragen keine „harte" Hand. Eine grobe Behandlung würde nur ihr liebenswertes Wesen zerstören. Der Weiße ist „der sanfte Hund für sanfte Hände". Er ist leichterziehbar, was nicht heißt, dass er keine Erziehung braucht. Diese braucht er sehr wohl, aber man muss ruhig, geduldig und fair mit ihm umgehen. Für einen harten, rauhen Umgang sind diese tollen Hunde keinesfalls geeignet! Wie schon erwähnt, verhält sich ein gut erzogener Weißer Schweizer Schäferhund im Haus ruhig und unauffällig, obwohl er seinen Menschen auf Schritt und Tritt folgt. Draußen dreht er dafür richtig auf und muss unbedingt auf seine Kosten kommen. Nasenarbeit macht fast allen Weißen Spaß und lastet extrem aus. Aber es gibt noch viele andere Möglichkeiten. Der Weiße ist ein kinderlieber Familienhund. Aufgrund seines feinfühligen Wesens ist der Weiße Schweizer Schäferhund ein ausgezeichneter Therapiebegleithund. Tägliche, lange Spaziergänge sollten obligatorisch sein. Aber auch der Geist muss gefordert werden. Dazu eignen sich Nasenarbeit, Agility und einige andere Betätigungen. Im entsprechenden Kapitel gehe ich näher darauf ein. Der Weiße muss immer mit engem Familienanschluss gehalten werden. Dabei darf die Beschäftigung und Auslastung aber niemals zu kurz kommen. Als ehemaliger Arbeitshund an der Herde verkümmert er ohne artgerechte Aufgabe. Ebenso ist er ohne engen Anschluss an seine Menschen nicht glücklich. Im Übrigen ist es vollkommener Unsinn, dass man einen Hund nicht alleine lassen kann oder dass sich Hundehaltung und Berufstätigkeit nicht vereinbaren lassen – wie soll man denn seinen eigenen Lebensunterhalt und den des Hundes verdienen? Auch, sich den Hund „bis zur Rente aufzuheben", ist völliger Unsinn (es sei denn, es geht wirklich nicht anders). Man sollte aber sicherstellen, dass der Weiße nicht länger als 5-6 Stunden täglich alleine bleiben muss, dass er artgerecht erzogen und gut ausgelastet wird – bei Wind und Wetter! Müsste er länger als 5-6 Stunden täglich alleine bleiben (Welpen anfangs noch nicht ganz so lange), sollte man sich aber nach einer Alternative für den Hund umsehen, wie etwa einer guten Hundetagesstätte oder einem privaten Hundesitter. Außerdem braucht er nach dem stundenlangen Warten unbedingt einen guten Ausgleich, selbst wenn Herrchen oder Frauchen nur noch nach einem langen Arbeitstag von einem Nickerchen auf dem Sofa träumen und das Wetter alles andere als angenehm ist.

Der FCI-Rassestandard Nr. 347

FEDERATION CYNOLOGIQUE INTERNATIONALE (AISBL) SECRE-
TARIAT GENERAL: 13, Place Albert 1er B – 6530 Thuin (Belgique)

12.08.2011/DE

WEISSER SCHWEIZER SCHÄFERHUND (Berger Blanc Suisse)

ÜBERSETZUNG: Gesellschaft Weisse Schäferhunde Schweiz, Uwe
H.Fischer und Dr. J.-M. Paschoud, ergänzt und überarbeitet
Christina Bailey / Offizielle Originalsprache: (FR). URSPRUNG:
Schweiz.

**DATUM DER PUBLIKATION DES GÜLTIGEN OFFIZIELLEN STAN-
DARDS: 04. 07. 2011.**

VERWENDUNG: Familien- und Begleithund

KLASSIFIKATION F.C.I.: Gruppe 1 Hütehunde und Treibhunde,
(ausgenommen Schweizer Sennenhunde. Sektion 1 Schäferhunde. Ohne Arbeitsprüfung.

KURZER GESCHICHTLICHER ABRISS: In den USA und Kanada
konnten sich Weisse Schäferhunde allmählich zu einer eigen-
ständigen Rasse entwickeln. Anfangs der 70-er Jahre wurden
die ersten Tiere in die Schweiz importiert. Der amerikanische
Rüde „Lobo", geboren am 05. März 1966, kann als Stammvater
der Rasse in der Schweiz angesehen werden. Aus Verbindungen mit diesem in der Schweiz registrierten Rüden sowie weiteren Importhunden aus den USA und Kanada wurden die Weis-
sen Schäferhunde allmählich über ganz Europa verbreitet, wo
sie heute, über Generationen rein gezüchtet, in großer Zahl leben. Deshalb werden diese Hunde seit Juni 1991 in der Schweiz
als neue Rasse im Anhang des Schweizerischen Hundestamm-
buches (SHSB) geführt.

ALLGEMEINES ERSCHEINUNGSBILD: Kräftiger, gut bemuskelter, mittelgroßer, stehohriger, stockhaariger oder langstockhaariger weisser Schäferhund von gestrecktem Format, mittelschwerem Knochenbau und eleganten, harmonischen Körperumrissen.

WICHTIGE PROPORTIONEN: Mäßig langes Rechteckformat. Verhältnis Rumpflänge (von der Bugspitze zum Sitzbeinhöcker gemessen) zu Widerristhöhe – 12 : 10. Die Distanz vom Stop bis zum Nasenschwamm ist geringfügig grösser als die vom Stop bis zum Hinterhaupthöcker.

VERHALTEN / CHARAKTER (WESEN): Lebhaftes und ausgeglichenes Temperament, bewegungsfreudig, aufmerksam mit guter Führigkeit. Von überwiegend freundlicher, aber unaufdringlicher Kontaktbereitschaft. Hohe soziale Kompetenz und Bindungsbereitschaft. Niemals ängstlich oder inadäquat aggressiv. Ein freudiger und gelehriger Arbeits- und Sporthund mit Potenzial für vielseitige Ausbildungen. Hohe soziale Kompetenz und Anpassungsfähigkeit lassen eine ausgezeichnete Integration in das soziale Umfeld zu.

KOPF: OBERKOPF: Kräftig, trocken und fein modelliert, zum Körper passend. Von oben und von der Seite gesehen keilförmig. Die oberen Begrenzungslinien von Schädel und Fang sind parallel. Schädel: Nur wenig gewölbt, angedeutete Mittelfurche. Stop: Geringfügig ausgeprägt, aber deutlich erkennbar. GESICHTSSCHÄDEL: Nasenschwamm: Mittelgroß; schwarzes Pigment erwünscht, Wechselnase und aufgehellter Nasenschwamm zulässig. Fang: Kräftig und im Verhältnis zum Schädel mäßig lang; Nasenrücken und untere Fanglinie gerade, zur Nase hin leicht zusammenlaufend. Lefzen: Trocken, gut anliegend, möglichst vollständig schwarz. Kiefer/Zähne: Kräftiges und vollständiges Scherengebiss, wobei die Zähne senkrecht im Kiefer stehen sollen. Augen: Mittelgroß, mandelförmig, leicht schräg eingesetzt; Farbe braun bis dunkelbraun; Lider gut anliegend; schwarze Lidränder erwünscht. Ohren: Hoch angesetzte, gut aufrecht getragene, parallel nach vorn gerichtete große Stehohren in Form eines länglichen, oben leicht abgerundeten Dreiecks. HALS: Mittellang, gut bemuskelt und harmonisch auf den Körper aufgesetzt; keine Wammenbildung; die elegant geschwungene Nackenlinie verläuft ohne Unterbrechung vom mäßig hoch getragenen Kopf bis zum Widerrist.

KÖRPER: Obere Profillinie : Kräftig, muskulös, mittellang. Widerrist: Betont. Rücken: Horizontal, fest. Lenden: Stark bemuskelt. Kruppe: Lang und von mittlerer Breite, zum Rutenansatz sanft abfallend. Brust: Nicht zu breit, tief, (ca. halbe Widerristhöhe), bis zu den Ellenbogen reichend; ovaler, weit nach hinten reichender Brustkorb, deutliche Vorbrust. Untere Profillinie und Bauch: Straffe, schlanke Flankenpartie; Bauchlinie leicht aufgezogen. RUTE: Rundum buschig behaarte Säbelrute, die sich zur Spitze hin verjüngt; eher tief angesetzt, mindestens bis zum Sprunggelenk reichend; in Ruhe hängend oder im unteren Drittel leicht aufgebogen; in der Bewegung höher, aber nie über der Rückenlinie getragen.

GLIEDMASSEN:

VORDERHAND: Allgemeines: Kräftig, sehnig, mittelschwer. Von vorne gesehen gerade; nur mäßig breiter Stand; von der Seite gesehen gut gewinkelt. Schultern: Langes und gut schräg gestelltes Schulterblatt; gute Winkelung; ganze Schulterpartie stark bemuskelt. Oberarm: Von genügender Länge, stark bemuskelt. Ellenbogen: Gut anliegend. Unterarm: Lang, gerade, sehnig. Vordermittelfuß: Fest und nur wenig schräg gestellt. Vorderpfoten: Oval; Zehen dicht aneinanderliegend und gut gewölbt; feste, widerstandsfähige, schwarze Ballen; dunkle Krallen erwünscht. HINTERHAND: Allgemeines: Kräftig, sehnig, mittelschwer. Von hinten gesehen gerade und parallel, nicht zu breit stehend; von der Seite gesehen gut gewinkelt. Oberschenkel: Mittellang, mit starker Bemuskelung. Knie : Ausreichend gewinkelt. Unterschenkel: Mittellang, schräg, mit festen Knochen und gut bemuskelt. Sprunggelenk: Kräftig, gut gewinkelt. Hintermittelfuß: Mittellang, gerade, sehnig. Hinterpfoten:

Oval, etwas länger als Vorderpfoten; Zehen dicht aneinander-liegend und gut gewölbt; feste, widerstandsfähige, schwarze Ballen; dunkle Krallen erwünscht. GANGWERK: Rhythmischer Bewegungsablauf, gleichmäßig zügig und ausdauernd; weit ausgreifender Vortritt und kraftvoller Schub; im Trab raumgreifend und leichtfüßig.

HAUT: Ohne Falten, dunkel pigmentiert.

HAARKLEID: Haar: Mittellanges Haar: Dicht, gut anliegendes Stockhaar; reichliche Unterwolle überdeckt von kräftigen, ge-raden Grannen; Fang, Gesicht, Ohren und Vorderseite der Läufe sind kürzer behaart; am Nacken und an der Rückseite der Läufe etwas länger. Leicht gewelltes, hartes Haar zulässig. Langes Haar: Dicht, gut anliegendes Stockhaar, reichliche Un-terwolle überdeckt von kräftigen, geraden Grannen; Fang, Gesicht, Ohren und Vorderseite der Läufe sind kürzer behaart; am Hals formt das lange Haar eine deutliche Mähne, an der Rückseite der Läufe einen längeren Behang und das Haar an der Rute ist buschig. Leicht gewelltes, hartes Haar zulässig. Farbe: Weiss.

GRÖSSE UND GEWICHT: Widerristhohe: Rüden 58 – 66 cm Hün-dinnen 53 – 61 cm Gewicht: Rüden ca. 30 – 40 kg Hündinnen ca. 25 – 35 kg. Typvolle Hunde dürfen wegen leichter Unter- o-der Übergröße nicht ausgeschlossen werden.

FEHLER: Jede Abweichung von den vorgenannten Punkten ist als Fehler anzusehen, dessen Bewertung in genauem Verhältnis zum Grad der Abweichung stehen sollte und dessen Einfluss auf die Gesundheit und das Wohlbefinden des Hundes zu be-achten ist, und seine Fähigkeit, die verlangte rassetypische Ar-beit zu erbringen.

• Schwache Wildfärbung (schwache gelbliche oder lohfar-bene Schattierung) an Ohrenspitzen; Rücken und Oberseite der Rute.

• Fleckige Pigmentverluste an Nasenschwamm, Lefzen und/oder Lidrändern.

• Afterkrallen. Außer in Ländern, in welchen die Entfernung der Afterkrallen gesetzlich verboten ist.

SCHWERE FEHLER:

• Plumpe Erscheinung, zu kurzes Gebäude (quadratisches Format).

• Mangelndes Geschlechtsgepräge.

• Fehlen von mehr als zwei PM1. Die M3 werden nicht berücksichtigt.

• Hängeohren, Kippohren, Knickohren.

• Stark abfallende Rückenlinie.

• Ringelrute, Knickrute, Hakenrute, Rute über dem Rücken getragen

• Weiches, seidiges Deckhaar; wollig, lockig, nicht am Körper anliegend; ausgesprochenes Langhaar ohne Unterwolle.

• Deutliche Wildfärbung (deutliche, gelbliche oder lohfarbene Verfärbung) an Ohrspitzen, Rücken und Oberseite der Rute.

DISQUALIFIZIERENDE FEHLER:

• Aggressive oder übermäßig ängstliche Hunde.

• Hunde, die deutlich physische Abnormalitäten oder Verhaltensstörungen aufweisen müssen disqualifiziert werden.

• Ängstlichkeit, hochgradige Schreckhaftigkeit, Angstaggressivität, inadäquate Aggression, lethargisches Verhalten.

• Ein Auge oder beide Augen blau, hervortretendes Auge.

• Entropium, Ektropium.

• Vor- und Rückbiss, Kreuzbiss.

• Völliger Pigmentverlust an Nasenschwamm, Lefzen und/oder Lidrändern.

• Völliger Pigmentverlust an Haut und Ballen.

• Albinismus.

N.B.: Rüden müssen zwei offensichtlich normal entwickelte Hoden aufweisen, die sich vollständig im Hodensack befinden.

Die Geschichte

Alle Hütehunde stammen von uralten Arbeitsrassen der Schäfer ab. Die Hüte- und Herdenschutzhunde waren nicht grundsätzlich, aber oftmals weiß, um sie von möglicherweise angreifenden Beutegreifern unterscheiden zu können. Die Schäfer benötigten wetterfeste, gesunde und gehorsame Hunde, die mutig waren, sich gegenüber den Schafen durchsetzen, sie aber nicht angriffen und verletzten. Durch konsequente Zuchtwahl entwickelte sich mit der Zeit ein gelehriger, wetterfester und belastbarer Herdengebrauchshund. Baron von Knigge besaß in den 1880er Jahren die weißen Schäferhunde Greif, Greif 2 und Greifa, wobei letztere eine Hündin war. Der Frankfurter Züchter Friedrich Spaarwasser kaufte den Rüden Greif und kreuzte ihn mit der wolfsgrauen Lotte. Eine Hündin aus diesem Wurf, die vermutlich ebenfalls wolfsgraue Lene, wurde mit dem Rüden Kastor verpaart. Ein Rüde aus diesem Wurf, der wolfsgraue Hektor Linksrhein, kam am 1. Januar 1895 zur Welt und wurde am 22. April 1899 von Rittmeister Max von Stephanitz auf einer Hundeausstellung erworben, der noch am Tag der Hundeausstellung mit einigen Gleichgesinnten den Verein für Deutsche Schäferhunde (SV) gründete und Hektor in Horand von Grafrath umbenannte. Horand wurde als erster Hund in das Zuchtbuch des SV eingetragen und kam stark züchterisch zum Einsatz. Er gilt heute als Stammvater des Deutschen Schäferhundes und fast alle heute lebenden Deutschen, Altdeutschen und Weißen Schweizer Schäferhunde gehen irgendwie auf Horand oder seinen Wurfbruder Luchs Spaarwasser zurück. Horand vererbte das weiße Gen, das er von seinem Großvater Greif geerbt hatte, an viele seine Nachkommen weiter. Diese waren oft entweder selbst weiß oder trugen das weiße Gen verdeckt. Berno von der Seewiese wurde 1913 geboren und 1926 im Zuchtbuch des SV registriert – damals war der weiße Schlag noch zugelassen. Berno war ein direkter Nachkomme von Horand. Er hatte eine ebenfalls weiße Wurfschwester namens Berna. Viele Jahre wurden weiße Schäferhunde in der Zucht geduldet. Lange Zeit ging man davon aus, dass Berno der erste weiße Schäferhund war, der in das SV-Zuchtbuch eingetragen wurde. Auf der Website des 1. WS e.V. Einheit ist allerdings nachzulesen, dass bereits früher ein weißer Schäferhund eingetragen worden sei. Demnach sollen Berna und Berno schon 1913 eingetragen worden sein. Vor diesen beiden weißen Schäferhunden soll die weiße Schäferhündin „Lotte von Burg Elz" in das SV-Zuchtbuch eingetragen worden sein, ebenfalls 1913. Lotte von Burg Elz hatte die Zuchtbuchnummer 43091, Berno von der Seewiese 43629, also ist Berno von der Seewiese nachweislich NACH Lotte von Burg Elz eingetragen worden. Seltsam, dass laut sämtlicher Literatur (und da schließe ich meine eigenen Bücher über weiße Schäferhunde ein!) bisher immer Berno von der Seewiese als erster weißer Schäferhund im SV-Zuchtbuch registriert worden sein soll. Bisher ist mir nicht ein

WSS-Buch bekannt, in dem auf einen anderen weißen Schäferhund als Berno von der Seewiese hingewiesen wird, der als erster weißer Schäferhund eingetragen wurde. Das Gleiche gilt für die meisten Vereinsinformationen. Die Informationen der Website der 1. WS e.V. Einheit wirken allerdings schlüssig. Ich selbst besitze einen Nachdruck des Buchs „Der deutsche Schäferhund in Wort und Bild" von Max von Stephanitz, welches im Original 1921 erschienen ist. Dieses Buch enthält ein Foto von Berno von der Seewiese. Ich muss allerdings zugeben, dass ich das Buch bis heute leider nicht vollständig gelesen habe, da die altdeutsche Schrift für mich sehr schwer zu entziffern ist. SV-Zuchtbücher aus der entsprechenden Zeit besitze ich nicht – die derzeit dafür geforderten Preise sind mir schlicht und ergreifend zu hoch!

Nach und nach wurde der weiße Schlag aus der Zucht verbannt. Von Stephanitz fand keinen Gefallen an einheitlich gefärbten Hunden, seien sie nun schwarz oder weiß, stellte aber das Aussehen nicht über die Gebrauchstüchtigkeit. Mit der Zeit wurden die weißen Schäferhunde fälschlicherweise für sämtliche genetischen Probleme, die bei den Deutschen Schäferhunden auftauchten, verantwortlich gemacht, wie HD, Epilepsie, Blindheit, verblasste Farben usw. 1932 durften nur noch zotthaarige Schäferhunde ein weißes Fell haben. 1933 wurde der weiße Schäferhund schließlich gänzlich aus der Zucht des Deutschen Schäferhundes verbannt. Man setzte keine weißen Schäferhunde mehr zur Zucht ein, gelegentlich fallende „Zufallsweiße" wurden meist gleich nach ihrer Geburt aus den Würfen entfernt, und bald waren die weißen Deutschen Schäferhunde in Vergessenheit geraten. Da sich die weiße Farbe aber rezessiv vererbt, kann sich unentdeckt in den farbigen Schäferhunden schlummern und bei bestimmten Verpaarungen zum Ausdruck kommen. Die weiße Farbe war zu dieser Zeit allerdings schon nicht mehr auszurotten, und so fallen bis zum heutigen Tage in manchen Linien weiße Welpen – der Grund ist wie beschrieben sehr einfach: Greif, der Großvater von Horand von Grafrath, war weiß. Die weiße Farbe kommt auch heute noch gelegentlich in

Würfen Deutscher Schäferhunde vor, wenn auch nicht so oft wie Langstockhunde. Vor dem Ersten Weltkrieg wurden Deutsche Schäferhunde in die USA importiert. In einigen Würfen dieser Hunde fielen weiße Welpen, und so verbreiteten sich die weißen Schäferhunde über Amerika und Kanada. In den USA und Kanada galten weiße Schäferhunde lange Zeit als normale Farbvariante des Deutschen Schäferhundes und wurden weiter gezüchtet. Aufgrund der Interventionen des Vereins für Deutsche Schäferhunde wurde aber auch in den USA 1968 der weiße Farbschlag aus dem Standard des Deutschen Schäferhundes gestrichen, das gleiche passierte 1998 in Kanada. Die weißen Schäferhunde werden aber weiterhin beim American Kennel Club (AKC) und Canadian Kennel Club (CKC) registriert und erhalten Ahnentafeln. Die Züchter blieben jedoch vom Zuchtverbot unbeeindruckt und züchten nach wie vor weiße Schäferhunde. Einige Züchter haben sich auf weiße ODER farbige Schäferhunde spezialisiert, andere machen gemischte Würfe. In den USA und Kanada sind weiße Schäferhunde nach wie vor als Familien-, Begleit-, Arbeits- und sogar Diensthunde beliebt. In den 1970er Jahren kamen die ersten weißen Schäferhunde zurück nach Europa, zunächst in die Schweiz. Agatha Burch importierte den weißen Schäferhundrüden Lobo White Burch, geboren 1966. Er besaß ein gültiges Exportpedigree des AKC, sodass er wohl oder übel in das Anhangsregister des Schweizer Hundestammbuchs eingetragen werden musste, jedoch mit dem Zusatz „Zur Zucht gesperrt", da auch der Schweizer Standard des Deutschen Schäferhundes keine weiße Farbe erlaubt. Lobo absolvierte innerhalb von zwei Jahren sämtliche Schutz- und Lawinenhundprüfungen und wurde schließlich doch in der Zucht eingesetzt. Liesbeth Mach, eine Freundin von Agatha Burch, besaß die englische weiße Schäferhündin Blinkbonny's White Lilac, White Lilac und Lobo wurden verpaart und 1973 fiel der erste Wurf weißer Schäferhunde in Europa. Agatha Burch ließ den Wurf unter dem Zwingernamen „Shangrila's" im Anhangsregister des Schweizer Hundestammbuchs eintragen. Es handelte sich um die Hündin Shangrila's Sweetygirl sowie die drei Rüden Shangrila's Silverboy, Shangrila's Star und Shangrila's Sunking. Als Agatha Burch ihre Zucht jedoch auf eine breitere Basis stellen wollte, wurden ihr weitere Eintragungen in das Anhangsregister verweigert. Sie zog in die USA zurück und nahm ihren Lobo natürlich mit. Er starb dort 1980 im relativ hohen Alter von 14 Jahren. Lobo ist heute in vielen Stammbäumen Weißer Schweizer Schäferhunde vertreten.

Sweetygirl wurde an den Schweizer Kurt Kron verkauft, der bereits 1972 weiße Schäferhunde unter dem Zwingernamen „von Kron" züchtete. Sweetygirl wurde mit dem dänischen Rüden Kokes Mahalo verpaart und warf u.a. 1980 den Rüden „Champion von Kron", der an den Deutschen Martin Faustmann verkauft, welcher Kurt Kron 1981 auch noch die Hündin „Rani von Finn" abkaufte, die ursprünglich aus dem amerikanischen Zwinger „Finn-Kennels" stammte. Rani und Champion wurden verpaart, und im Juni 1981 fiel der erste Wurf weißer Schäferhunde in Deutschland, unter dem Zwingernamen „von Ronanke" (nach Faustmanns Enkeln Ron und Anke). 1982 gründete Martin Faustmann mit einigen Gleichgesinnten den WSV (Weißer Schäferhund Verein) Kaarst e.V., einem Gründungsmitglied des heutigen BVWS. Martin Faustmann stieß auf großen Widerstand, als er die Rasse 1981 unter dem Namen Weißer Deutscher Schäferhund einführen wollte. Es muss jener Widerstand gewesen, der ihn dazu veranlasste, die Rasse in Amerikanisch-

Canadischer Weißer Schäferhund um zu benennen, in Anerkennung der Zuchtarbeit amerikanischer und kanadischer Züchter. Die Rasse wurde über zwei Jahrzehnte unter dieser Bezeichnung in Europa gezüchtet. 1991 erkannte die Schweiz als erstes FCI-angeschlossenes Land die Rasse unter dem Namen „Weißer Schäferhund" an. 10 weitere FCI-Länder folgten dem Beispiel, aber erst 2004, nach dem die Rasse 2003 von der FCI als Berger Blanc Suisse (Weißer Schweizer Schäferhund, White Swiss Shepherd Dog) anerkannt wurde, war der VDH bereit, den Weißen Schweizer Schäferhund ebenfalls anzuerkennen und zwei Vereine (BVWS und RWS) aufzunehmen. Die FCI (Fédération Cynoloquiqe Internationale) ist der maßgebliche Weltverband der Hundezucht. Ihr sind knapp 80 nationale Kennelclubs (Landesverbände der geordneten Hundezucht) angeschlossen. Die Schweiz hat die Verantwortung für die Rasse übernommen, gilt heute als Ursprungsland und hatte maßgeblichen Einfluss auf die Anerkennung der Rasse. So arbeitete die Schweiz einen Rassestandard für den Weißen Schweizer Schäferhund aus und dokumentierte die Rassepopulation. Birgit Stoll, Zuchtbuchleiterin der 1. WS e.V. Einheit (in Deutschland) konnte aus ihrem umfangreichen Archiv die erforderlichen 8 Blutlinien (jede Blutlinie mit 8 Stammbäumen, zwischen den einzelnen Linien dürfen keine verwandtschaftlichen Beziehungen bis zu den Großeltern bestehen) herausfiltern. 2003 wurde der Weiße Schweizer Schäferhund vorläufig und 2011 endgültig von der FCI anerkannt. Eine lange Odyssee hat damit ein glückliches Ende gefunden. Man schätzt, dass in Deutschland jährlich rund 1000 WSS-Welpen geboren werden, davon 300-400 in VDH-kontrollierter Zucht. Es existieren allerdings auch außerhalb des VDH seriöse Vereine und Züchter. 2004 wurden der BVWS und der RWS in den VDH aufgenommen, seit Januar 2005 sind diese auch verantwortlich für das Zuchtbuch. Die Weißen Schweizer Schäferhunde sind seitdem auf allen VDH-Veranstaltungen (Zuchtschauen, Sportprüfungen usw) gleichberechtigt mit anderen Rassen zugelassen.

Vereine

Vereine haben eine Vielzahl Aufgaben. Vor allem sind sie für Fragen der Zucht zuständig. Sie veranstalten Zuchtschauen, erstellen Rassestandards, führen Zuchtbücher und geben Ahnentafeln heraus. Durch ihre Zuchtrichtlinien, Standards (heute ist allgemein der FCI-Standard gültig, früher hatten die Vereine oft eigene Standards), Beratungen der Züchter und Welpenkäufer bestimmen sie maßgeblich das Wohlergehen der Rasse. Verbandskörperschaften und Vereine, die FCI-Mitglied sind oder werden, müssen den FCI-Standard übernehmen, die meisten Vereine, die nicht einer FCI-angeschlossenen Verbandskörperschaft angehören, haben den FCI-Standard ebenfalls übernommen. Vereine versorgen die Züchter mit wichtigen Informationen. Sie zeichnen alle im Verein gezüchteten Würfe auf. Bei den

Wurfplanungen können sie Züchter unterstützen. Vereine veranstalten auch Zuchtschauen, bei denen die Züchter wertvolle Informationen über ihre Nachzucht erhalten und natürlich ihre Hunde der Öffentlichkeit präsentieren können. Vereine beraten auch Interessenten und Welpenkäufer. Viele bieten auch Nichtzüchtern und Nichtmitgliedern Zeitschriften, Broschüren, Flyer, Bücher, Teilnahme an Treffen usw an. In Deutschland sind zwei Vereine (BVWS und RWS) dem VDH angeschlossen, aber es gibt auch seriöse Vereine außerhalb des Verbands für das Deutsche Hundewesen. Ich habe mich entschieden, den BVWS, den RWS und die 1. WS e.V. Einheit näher zu beleuchten. Dies sind die drei größten und bekanntesten Vereine für Weiße Schweizer Schäferhunde in Deutschland. Außerdem gehe ich auch auf den Bundesverein für Weiße Schweizer Schäferhunde in Österreich, den Weißen Schweizer Schäferhund Klub Österreich und die Gesellschaft Weisse Schäferhunde Schweiz ein, die ihrerseits die Interessen des Weißen Schweizer Schäferhundes vertreten. Das soll keine Abwertung anderer Vereine sein, aber bei der Vielzahl ist es schwierig, den Überblick zu behalten. Einige Vereine sind zu klein, um wirklich allen Aufgaben gerecht zu werden. Da werden alle Aufgaben von einer Person übernommen, die dann natürlich alles selbst entscheiden kann! Bei solchen Vereinen sollte man Vorsicht walten lassen. Viele Vereine nehmen für sich in Anspruch, der beste und größte zu sein. Es ist schwer zu sagen, wer davon Recht behält. Vor einigen Jahren gab es sogar eine fast offene Feindschaft unter den Vereinen. Ahnentafeln, Zuchtschauenergebnisse, Standards usw der jeweils anderen Vereine wurden nicht anerkannt. Häufig hatten die Vereine Angst vor Rückschritten. Inzwischen hat sich das etwas gelockert. Es werden durchaus Zuchthunde zwischen den Vereinen ausgetauscht (das war nicht immer so!), Untersuchungsergebnisse, Zuchtschauerfolge usw untereinander anerkannt. Die Zuchtrichtlinien der Vereine unterscheiden sich ebenfalls. Während in einem Verein z.B. nur drei Würfe pro Jahr und Zuchtstätte erlaubt sind, haben andere Vereine keine Beschränkung dafür. In manchen Vereinen müssen die Zuchthunde aufwendige gesundheitliche Untersuchungen und Wesenstests durchlaufen, bei anderen Vereinen bekommen die Hunde schon eine Zuchtzulassung, wenn sie auf einer Zuchtschau einem Zuchtrichter vorgeführt werden und dem Rassestandard äußerlich entsprechen. Natürlich kauft man seinen Welpen beim Züchter und nicht beim Verein, aber man sollte sich auch mit den Zuchtrichtlinien des Vereins identifizieren können, denn schließlich unterstützt man ja auch den Verein, wenn man bei einem angeschlossenen Züchter einen Welpen kauft oder im Verein Mitglied wird. Manche Vereine veröffentlichen ihre Zuchtrichtlinien regelmäßig oder unregelmäßig in der Vereinszeitschrift, andernfalls kann man sie eventuell beim Verein anfragen. Man unterscheidet auch verschiedene Zuchtformen: Familienzucht, Teilleistungszucht und Leistungszucht. Bei der Leistungszucht haben beide Eltern eine Gebrauchshundprüfung abgelegt (SchH, VPG, GHP), bei der Teilleistungszucht ein Elter und bei der Familienzucht keiner. Bei der Leistungszucht bzw Teilleistungszucht ist außerdem eine Herdengebrauchshundprüfung (HGH, Hütehund) zugelassen, aber die ist selten. Inzwischen wurde der Zusatz „Arbeitshund" aus dem Standard im Verwendungszweck gestrichen (taucht aber bei der Wesensbeschreibung wieder auf). Man sollte aber einerseits bedenken, dass Zuchthunde aus Familienzuchten häufig andere Prüfungen abgelegt haben, wie z.B. Rettungshundeausbildungen, und andererseits dass die Anlagen der Hunde sich vererben, aber nicht abgelegte Prüfungen. Ein Hund aus einer Familienzucht kann durchaus ein guter Gebrauchshund werden und umgekehrt. Und der Weiße braucht Auslauf und Beschäftigung, sonst ist er nicht glücklich. Er braucht aber genauso engen Kontakt zu seinen Menschen, sonst verkümmert er seelisch. Das kann sich auch in gesundheitlichen oder Wesensproblemen wie Fellrupfen, Zerstörungswut usw äußern. Vereine sind natürlich auch verpflichtet, die Rassestandards einzuhalten. Außerdem dürfen nur gesunde und wesensfeste Hunde in die Zucht. Vereine führen Zuchtbücher und geben Ahnentafeln heraus. In den Zuchtbüchern werden alle Hunde eingetragen, die im Verein geboren sind oder deren Eltern eingetragen sind. Es können aber in manchen Fällen auch vereinsfremde Hunde eingetragen werden, wenn sie z.B. im Verein eine Zuchtzulassung erhalten haben. Vereine geben auch Ahnentafeln heraus, deren Angaben aus den Informationen aus dem Zuchtbuch erfolgen. So kann man die Abstammung eines Hundes über lange Zeiten zurückverfolgen, teilweise sogar über Jahrhundertwenden hinaus. Die Ahnentafel ist Eigentum des ausstellenden Vereins, der Eigentümer des Hundes hat Besitzrecht an der Ahnentafel. Der Verein kann jederzeit verlangen, dass die Ahnentafel herausgegeben wird, wenn z.B. Eintragungen gemacht werden müssen. Nach Ableben des Hundes ist die Ahnentafel an den Verein zurückzugeben. Daten in Ahnentafeln sind z.B. Name des Hundes und des Zwingers, Wurftag, Chipnummer, Zuchtbuchnummer, Züchter, Wurfstärke (1 Rüde und 4 Hündinnen: 1/4, mit Angabe von Totgeburten 1/4/0, sofern es keine Totgeburten / verstorbene Welpen gab), Namen und Daten der Geschwister, Namen und Daten der Ahnen (Eltern, Großeltern, Urgroßeltern, manchmal weitere), Daten des neuen Eigentümers, ausstellender Verein, bei Vereinen, die FCI-Verbandskörperschaften angeschlossen sind, zusätzlich der Verband, z.B. VDH, SKG usw. Wenn man Glück hat, darf man den Namen des Hundes selbst bestimmen oder hat zumindest Mitspracherecht, aber nicht immer. Wenn man den Namen des Hundes nicht so schön findet oder er schlecht rufbar ist, kann man den Welpen natürlich auch an einen anderen Rufnamen gewöhnen. Chips werden vom Tierarzt unter die Hundehaut implantiert. Über ein elektronisches Lesegerät kann die Nummer, die der Chip enthält und die einmalig ist, ausgelesen werden. Die Nummer wird in der Ahnentafel und ggfs im Haustierpass des Hundes eingetragen. Über diese Nummer kann der Hund einwandfrei identifiziert werden. Die Nummer wird natürlich auch beim Verein registriert, und der Hund bekommt zusätzlich eine Zuchtbuchnummer, unter der er im Zuchtbuch beim Zuchtbuchamt geführt wird. Unter der Chip-

Nummer sollte der Hund natürlich auch in einem Haustierregister (z.B. Tasso) geführt werden.

Eine hohe Zahl von toten Welpen in einem Wurf kann auf Probleme bei diesem Wurf hindeuten. Es kommt aber leider durchaus vor, dass ein oder zwei Welpen tot zur Welt kommen oder schnell versterben. Bei einer höheren Zahl toter Welpen sollte man sich genau beim Züchter und beim Zuchtbuchamt nach den Umständen erkundigen. Im Schnitt besteht ein Wurf Weißer Schweizer Schäferhundwelpen aus sieben Welpen, es kann aber auch nur ein einziger oder es können gleich 15 sein.

In der Ahnentafel sollten möglichst viele Informationen über die Zuchthunde verfügbar sein, die ausführlichsten Informationen erhält man aber meist über die Eltern. Gesundheitliche Untersuchungen (z.B. HD, MDR1-Defekt), Größe, Haarart, Farbe, Wurfdatum, manchmal werden auch AKZ (Ausbildungskennzeichen, z.B. Begleithund, Fährtenhund) und Ausstellungserfolge eingetragen. Je weniger HD und je weniger Inzucht, desto besser. Ein wichtiger Aspekt, den man – teilweise - aus den Ahnentafeln ersehen kann, ist der Inzuchtgrad. Bei der Inzucht werden verwandte Tiere verpaart, um erwünschte Eigenschaften zu festigen. Aber genauso festigen sich auch unerwünschte Eigenschaften oder Krankheiten. Im Genetikteil gehe ich darauf näher ein. Wenn man sich einen Hund kauft, sollte man sich die Ahnentafeln der Elterntiere vorlegen lassen. Je weniger Inzucht, je weniger HD, je weniger MDR1 und so weiter, desto besser. Sicher wird man irgendwann auf „alte Bekannte" stoßen, wenn man die Ahnenreihen der Hunde weiter zurück verfolgt. Aber aufgrund der Gefährlichkeit der Inzucht sollte man versuchen, zu eng gezüchtete Linien zu vermeiden. Nur im Ausnahmefall und nur mit absolut gesunden Eltern sollte man eng züchten. Inzucht festigt nicht nur erwünschte Eigenschaften. Auch Krankheiten, Gendefekte usw können auftreten bzw sich festigen. Es ist also durchaus sinnvoll, einen Hund mit Papieren zu kaufen. Außerdem sind hier die Züchter an Richtlinien gebunden und der Züchter erhält Hilfe aus dem Verein. Ein Hund ohne Papiere ist eine Wundertüte, bei dem man nichts über seine Vorfahren weiß. Andererseits ist man auch auf die Angaben der Vereine angewiesen und manchmal sind leider auch Vereinen Vermehrer angeschlossen. Das sind zwar Ausnahmen, aber es gibt sie. Und auch ein Hund ohne Papiere muss kein „schlechter" Hund sein. Aber man weiß meistens nichts über seine Abstammung, die Gesundheit der Eltern, und im Normalfall kann ein solcher Hund an keinen Zuchtschauen teilnehmen und auch nicht in die Zucht (was jedoch nicht bedeutet, dass Hunde aus Vereinen grundsätzlich in die Zucht gehören oder sollen!). Hunde ohne Papiere dürfen meist auch nicht auf Sportveranstaltungen starten oder Prüfungen ablegen, die von FCI-Verbandskörperschaften oder diesen angeschlossenen Vereinen ausgerichtet werden. Bei Vereinen, die von Verbandskörperschaften bzw Vereinen ausgestellt sind, die nicht einem FCI-anerkannten Kennelclub unterstehen, muss man sich beim Verein erkundigen, ob der Hund teilnehmen darf.

Ich habe mich entschieden, auf die drei maßgeblichsten deutschen Vereine sowie einzelne Vereine in Österreich und der Schweiz einzugehen. Damit möchte ich andere Vereine nicht abwerten. Aber ich kann in diesem Buch nicht auf alle Vereine eingehen. Teilweise arbeiten die Vereine auch mit ausländischen Vereinen zusammen, wie z.B. der Gesellschaft Weisse Schäferhunde Schweiz (GWS), den niederländischen und österreichischen Zuchtvereinen. Und es wird eine Reihe Vereine geben, deren Existenz mir unbekannt ist.

Der **BVWS** (Bundesverein für Weiße Schweizer Schäferhunde e.V.) wurde 1982 von Martin Faustmann und einigen Gleichgesinnten gegründet. Ursprünglich wurde der Verein WSV Kaarst genannt und später in BVWS umbenannt, wobei dem Ursprungsverein meines Wissens 6 weitere Vereine beitraten. Der BVWS hat sehr strenge Zuchtrichtlinien. So dürfen nur Hunde mit HD-frei (A) oder HD-fast normal (B) in die Zucht, wobei B nur mit einem A-

Partner verpaart werden darf. Hunde müssen äußerlich dem Rassestandard entsprechen bzw sehr nahe kommen. Sie müssen verschiedene gesundheitlichen Untersuchungen durchlaufen (HD, ED, MDR1, Audiometrietest usw). Außerdem müssen sie einen strengen Wesenstest bestehen, bei denen sie z.B. mit Menschenmengen, Regenschirmen usw konfrontiert werden. Auch eine DNS-Probe der Zuchthunde wird eingelagert. Ein Züchter darf nur 3 Würfe im Jahr machen, egal wieviel Zuchthündinnen er hat. Und eine Hündin darf nur in jeder zweiten Hitze gedeckt werden (bzw pro Kalenderjahr darf ihr nur ein Wurf zugemutet werden). Das Zuchtendalter für Rüden beträgt 10 Jahre, für Hündinnen 7 Jahre. Ein Züchter muss eine Züchterprüfung ablegen, bevor Zwingerschutz erteilt wird. Hier wird z.B. das Wissen bezgl. Anatomie, Zucht, Genetik usw überprüft. Außerdem erfolgt eine Zwingerabnahme sowie nach Geburt der Welpen eine Wurfabnahme durch den Zuchtwart. Es wird auch Zuchtmaterial mit anderen Vereinen ausgetauscht, z.B. unterhält der Verein freundschaftliche Beziehungen zu den Zuchtvereinen in den Niederlanden oder Schweden. Seit 2004 Mitglied im VDH, seit Januar 2005 verantwortlich für das Zuchtbuch. Der Verein gibt eine eigene Vereinszeitschrift mit dem Namen „Der Weiße Schweizer Schäferhund (DWS)" heraus. Diese ist auch für Nichtmitglieder erhältlich (im Abo) und enthält vereinsinterne Nachrichten wie z.B. Zuchttauglichkeitsprüfungsergebnisse, gesundheitliche Untersuchungen der Hunde, Meldungen über Zuchtschauen usw. Aber auch rassespezifische Artikel (z.B. Genetik) oder allgemeine Themen wie z.B. Ausbildung oder Fütterung sind enthalten. Die Zeitschrift erscheint dreimal jährlich. Auf der Website sind derzeit (3/2019) ca. 56 Zuchtstätten und ca. 42 Deckrüden aufgelistet. Der BVWS dürfte derzeit rund 400 Mitglieder zählen.

Der **RWS** (Rassezuchtverein für Weiße Schweizer Schäferhunde e.V.) wurde 1987 gegründet. Eine Gruppe, die aus dem BVWS ausgetreten ist, hat sich dem RWS angeschlossen. Der RWS ist Mitglied im VDH. Auch der RWS fördert die Zucht des Weißen

Schweizer Schäferhundes als Familien-, Begleit- und Arbeits-hund. Viele Hunde im RWS haben Ausbildungen als Schutz- oder Fährtenhunde, aber auch als Blindenhunde oder in anderen Be-reichen. Der Verein führt auch Zuchtschauen durch und küm-mert sich um die Vermittlung von Nothunden. Auf der Website sind derzeit (3/2019) rund 70 Zuchtstätten und ca. 40 Deckrüden aufgelistet. Auf der Website sind derzeit 9 Landesgruppen auf-gelistet. Beim RWS liegen mir keine genauen Mitgliedszahlen vor, doch zählt er wohl zu den großen WSS-Vereinen. Der RWS gab die Zeitschrift „RWS Insight" heraus. Ob diese noch erhältlich ist, entzieht sich meiner Kenntnis. Leider hat man bei einigen auf der Website aufgeführten Zuchthunde den Eindruck, dass der hori-zontalen Rückenlinie nicht genügend Beachtung geschenkt wird. Hier sind auch die Welpenkäufer gefragt, diesen negati-ven Trend nicht zu fördern.

Die **1. WS e.V.** Einheit (1. Weiße Schäferhunde e.V. Einheit) wurde 1990 als WACSR e.V. von Martin Faustmann gegründet. Im Jahre 2002 wurde der Verein in 1. WS e.V. Einheit umbenannt. Der Ver-ein kümmert sich neben der Zucht auch um die Vermittlung von Nothunden und unterhält auch Hundeplätze, auf denen Hun-desport betrieben werden kann. Es ist nicht notwendig, dass Zuchthunde Ausbildungskennzeichen (Begleithund, Fährten-hund usw) aufweisen. Dennoch ist es erwünscht, wenn die Hunde eine Ausbildung durchlaufen. Viele Hunde des 1. WS e.V. Einheit haben Ausbildungen als Begleithunde, Rettungshunde, Schutzhunde, Blindenhunde usw. Auch im Therapiebegleit-dienst, bei Agility u.a. werden Hunde des Vereins mit Erfolg ge-führt. Eine Ausbildung ist aber nicht vorgeschrieben. Das ist lo-gisch, da viele Hundehalter keine Möglichkeit oder keine Zeit haben, regelmäßig den Hundeplatz zu besuchen oder dies aus anderen Gründen nicht tun möchten. Dennoch sorgen diese Besitzer in der Regel dafür, dass die Hunde erzogen und ausge-lastet sind. Nasenarbeit, Gehorsamsübungen, Radfahren, Reit-begleitung – was auch immer. Für vieles ist ein Hundeplatz gar nicht notwendig. Wäre eine Ausbildung zur Zucht vorgeschrieben, würden viele Halter ihren Hund gar nicht zur Zucht bereitstellen, weil der Aufwand einfach zu groß wäre. Hunde müssen HD-frei oder HD-fast normal sein, um zur Zucht zugelassen zu werden. Die Hunde müssen auch auf ED geröntgt sein. Ebenso wird ein Audiometrietest (Hörtest) gemacht. Und natürlich muss der Hund dem Standard sehr nahe kommen bzw entsprechen. Das Mindestalter zur Zuchttauglichkeitsprüfung beträgt 15 Monate, das Mindestalter zur ersten Zuchtverwendung 18 Monate. Die Hunde müssen wesensfest sein. Eine Hündin muss nach jeder Geburt mindestens eine Hitze aussetzen, bevor sie erneut gedeckt werden kann. Außerdem muss der Hund auf einer Zuchtschau von einem Richter bewertet worden sein. Ein Formwert von SG (sehr gut) ist dafür notwendig, ab der offenen Klasse V (Vorzüglich). Das Zuchtendalter für Hündinnen beträgt 8 Jahre. Der Verein arbeitet mit anderen Vereinen zusammen (z.B. Witte Herder Vereiniging Nederland) und versucht Inzucht zu vermeiden bzw auch Hunde aus dem Ausland einzusetzen. Der Verein betreibt auch Blutlinienforschung und -archivierung und war u.a. auch am Blutliniennachweis maßgeblich beteiligt, der für den Antrag zur Anerkennung durch die FCI notwendig war. Der Verein gehört der IWSF (Internationale White Shepherd Fédération) an, dem einzigen internationalen Dachverband. Die 1. WS e.V. Einheit führt ein eigenes Zuchtbuch und gibt eigene Ahnentafeln heraus. Sie ist nicht Mitglied im VDH. Auf der Website sind derzeit (3/2019) ca. 10 Deckrüden und ca. 14 Zuchtstätten aufgelistet. Im Jahre 2012 wurden 32 Würfe mit 256 Welpen eingetragen, 2013 24 Würfe mit 178 Welpen. Genaue Mitgliedszahlen liegen mir nicht vor, doch scheint der Verein zu den größeren deutschen WSS-Vereinen zu zählen.

Der **Bundesverein für Weiße Schweizer Schäferhunde in Österreich (BVWS-Ö)** wurde 1997 gegründet und hat sich der Reinzucht des Weißen Schweizer Schäferhundes verschrieben. Die Hunde leben in der Familie, Zwingerhaltung ist verboten, da der Verein viel Wert auf artgerechte Haltung des Weißen Schweizer

Schäferhundes und gute Sozialisierung der Welpen legt. Der BVWS-Ö führt verschiedene Aktivitäten durch, wie Zuchtzulassungsprüfungen, Wanderungen mit den Hunden, Züchterseminare, aber auch Weihnachtsfeiern werden abgehalten. Hunde aus dem BVWS-Ö werden teilweise als Rettungshunde (Flächen-, Trümmer- und Lawinenhunde), Mantrailer, Therapiebegleithunde, Besuchshunde, aber auch im Hundesport (Begleithundprüfung, Fährte, Schutzdienst, Rally-Obedience, Obedience, Agility) geführt. Auf der Website sind derzeit (3/2019) 8 Zuchtstätten und 12 Deckrüden aufgelistet. Zuchthunde müssen eine vom BVWS-Ö anerkannte Ahnentafel sowie eine vom BVWS-Ö anerkannte Zuchttauglichkeitsbescheinigung (ZTB) besitzen. Hündinnen müssen bei der ersten Zuchtverwendung mindestens 20, Rüden mindestens 18 Monate alt sein. Das Zuchtendalter für Hündinnen beträgt 8 Jahre (am Tag der letzten Belegung), für Rüden 10 Jahre. Ausnahmegenehmigungen sind nach Antragsstellung in manchen Fällen möglich. Zuchthunde müssen gesund sein, ein einwandfreies Wesen aufweisen und sollten dem Standard entsprechen. Es findet auch eine Wesensüberprüfung statt, zu der auch eine Schussfestigkeit geprüft wird. Dies wird im Rahmen einer Veranstaltung des Vereins (nicht auf dem Grundstück des Züchters) durchgeführt. Die Hunde werden desweiteren auf HD, ED, OCD (Osteochondrosis dissecans, eine Knochenläsion unterhalb des Gelenkknorpels, die mit einer Abstoßung des betroffenen Knochenareals mit dem darüber liegenden Knorpel als freier Gelenkkörper enden kann), MDR1-Defekt sowie auf Augenerkrankungen untersucht. Bei einer Zuchtverwendung von Belang sind weiterhin Ausbildungskennzeichen (z.B. Begleithundeprüfung), Ausstellungsbeurteilung und Wesenstest mit Schussüberprüfung. Hunde mit sicht- oder nachweisbaren genetischen Erkrankungen werden von der Zucht ausgeschlossen. Auch Augenerkrankungen führen zum Zuchtausschluss. Nachgewiesener MDR-1-Defekt führt ebenfalls zum Zuchtausschluss. Eine Hündin darf nach erfolgreicher Belegung erst 11 Monate nach dem Deckakt erneut belegt werden. Ausländische Rüden und Rüden aus anderen Vereinen dürfen Hündinnen des Vereins decken, wenn sie die selben Voraussetzungen erfüllen wie Hunde des BVWS-Ö. Jeder Hund, der im BVWS-Ö gezogen wurde bzw eingetragen ist, bekommt eine BVWS-Ö-Ahnentafel.

Der **Weiße Schweizer Schäferhund Klub Österreich (WSÖ)** ist Mitglied im ÖKV (Österreichischer Kynologischer Verband). Er wurde 1988 gegründet. Die Rasse wurde 1999 vom ÖKV anerkannt. Die Welpen erhalten seither Ahnentafeln vom ÖKV. Derzeit sind rund 1650 Weiße Schweizer Schäferhunde im Zuchtbuch des WSÖ registriert. Auf der Website sind derzeit (3/2019) rund 18 Deckrüden und 14 Zuchtstätten aufgelistet. Hunde mit Hüft- und Ellenbogendysplasie, Wesensschwächen (Aggression, Angst ect) sind selten geworden und werden sofern sie vorkommen von der Weiterzucht ausgeschlossen. Neben den Gesundheitsprüfungen legen Weiße Schweizer Schäferhunde im WSÖ auch Begleithundeprüfungen ab, um zur Zucht zugelassen zu werden. Hunde ab HD-leicht werden von der Zucht ausgeschlossen. Hunde werden außerdem auf Lumbosakrale Übergangswirbel (0 und 1 erlaubt) und MDR1 untersucht. Viele Hunde des WSÖ verfügen neben der Begleithundeprüfung auch über Fährtenprüfungen, Gebrauchsundprüfungen oder werden im Agility, Obedience o.ä. eingesetzt. Man legt im Verein viel Wert auf artgerechte Haltung des Weißen Schweizer Schäferhundes im Haus. Auch die Welpen werden in Haus UND Garten aufgezogen, Zwingerhaltung wird generell abgelehnt. Ebenfalls wird auf eine genetische Vielfalt großer Wert gelegt.

Die **Gesellschaft Weisse Schäferhunde Schweiz (GWS)** ist Mitglied in der Schweizerischen Kynologischen Gesellschaft (SKG, Schweizer FCI-Verband). Sie wurde 1989 gegründet und 1991 in die SKG aufgenommen, die Rasse wurde 1991 in der Schweiz anerkannt. Die GWS ist der einzige Verein für Weiße Schweizer Schäferhunde in der Schweiz, der in der SKG Mitglied ist. Die Schweiz war das erste FCI-Land, das den Weißen Schweizer

Schäferhund als Rasse anerkannte. Sie hatte auch maßgeblichen Anteil an der Anerkennung der Rasse durch die FCI. Die Schweiz ist das Ursprungsland des Weißen Schweizer Schäferhundes und hat auch die Verantwortung für die Rasse übernommen. Die GWS kümmert sich neben Belangen der Zucht auch um die Verbreitung bzw Bekanntmachung der Rasse, überwacht Zuchtstätten, unterhält Hundeplätze, führt Ankörungen und Zuchtschauen durch, bildet Rasserichter aus, pflegt internationale Kontakte mit anderen Vereinen und führt auch Aktivitäten für die Mitglieder durch. Neben Zuchtschauen und Ankörungen sind das z.B. Erziehungskurse, Sportveranstaltungen, Spaziergänge, Versammlungen, Fährtenhundprüfungen usw. Die GWS hat etwa 200 Mitglieder. Derzeit (3/2019) sind rund 11 Deckrüden und 14 Zuchtstätten auf der Website aufgelistet. Die GWS führt eine Datenbank, in der die Hunde erfasst werden. So kann man z.B. Abstammungen nachvollziehen und Erbkrankheiten „herausfiltern". Man kann so festhalten, bei welchen Hunden welche Erkrankungen vorkamen bzw welche Hunde Träger waren, kann die Verpaarungen entsprechend überwachen und bestimmte Hunde von der Zucht ausschließen. Hunde werden ab einem Alter von 15 Monaten auf HD und ED geröntgt. Betroffene Hunde werden von der Zucht ausgeschlossen. Ebenso wird auf Lumbosakrale Übergangswirbel, Hörfehler, MDR1-Defekt und Degenerative Myelopathie untersucht. Auch Hunde, die Hodenfehler vererben, werden ausgeschlossen. Zuchthunde müssen ein einwandfreies Wesen haben. So ist für Zuchthunde ein strenger Wesenstest obligatorisch, wesensschwache Hunde werden von der Weiterzucht ausgeschlossen. Außerdem sollten die Hunde dem Rassestandard möglichst nahe kommen. Hunde mit stark abfallender Rückenlinie und überwinkelter Hinterhand werden ebenfalls von der Zucht ausgeschlossen. Eine gute Gesundheit und ein einwandfreies Wesen haben Vorrang vor Äußerlichkeiten, es sei denn, dass Aussehen beeinflusst die Gesundheit. Das ist z.B. bei der Rückenlinie und der Winkelung der Hinterhand der Fall. Eine Wildfärbung oder ein schwächer pigmentierter Nasenspiegel alleine sind noch kein Grund, einen Weißen Schweizer Schäferhund von der Zucht auszuschließen. Meines Wissens sind auch nicht mehr als 3 Würfe pro Züchter und Jahr erlaubt. Auch muss eine Hündin zwischen zwei Trächtigkeiten mindestens eine Hitze aussetzen.

Genetik

Dieses Kapitel versteht sich nur als kleine Einführung. Wer sich für dieses sehr interessante, wenn auch zugegebenermaßen mitunter recht komplizierte Thema interessiert, findet im Fachhandel einige gute Bücher. Ich möchte ja mit diesem Kapitel nur ein kleines Grundprinzip aufzeichnen. Auch ein seriöser Züchter oder zuchtverantwortliche Personen in Zuchtvereinen sollten dem Welpenkäufer in Genetikfragen weiterhelfen können.

Wie alle höheren Lebewesen besteht der Hund aus Zellverbänden, er ist also ein Vielzeller. Die Zellen übernehmen alle wesentlichen Lebensfunktionen, dabei enthält jede Körperzelle enthält die gleichen genetischen Informationen. Die Lebensdauer der Zellen ist unterschiedlich. Hautzellen leben ca. 20-30 Tage, Eizellen 12 Stunden und weiße Blutzellen zwei Stunden bis zwei Tage. Der Zellkern enthält alle Erbinformationen, jede Körperzelle enthält dieselben Erbinformationen. Deshalb können Individuen zweifelsfrei aus allen Körperzellen, weißen Blut- und Spermazellen identifiziert werden. Alle für die Vermehrung notwendigen Informationen sind in allen Körperzellen vorhanden (ausgenommen rote Blutzellen).

Der Zellkern enthält die **Chromosomen** oder Kernfäden, die Träger aller lebens- und vererbungsnotwendigen Informationen. Sie bestimmen Eigenschaften, Aussehen, Charakter, Gesundheit usw eines Tieres. Jede Tierart besitzt eine artspezifische Anzahl von Chromosomen in ihrem Zellkern. Die Chromosomen sind immer paarweise angelegt, weshalb man von einem diploiden Chromosomensatz spricht. Die Weitergabe der genetischen Informationen an die Nachkommen ist nur über die Geschlechtszellen, also Eizellen der Hündin und Spermien des Rüden möglich. Bei der Paarung zweier Hunde erhält jeder Welpe die Hälfte seiner Gene von je einem Elternteil. Dabei mischt die Natur zufällig. Hunde besitzen 39 Chromosomenpaare bzw 78 Einzelchromosomen. Es wird beim Deckakt je die Hälfte der Gene jedes Elter an die Nachkommen weitergegeben. Nach dem Deckakt fügen sich die Chromosomen neu zusammen.

Die **DNS** (Desoxyribonucleinsäure) ist der chemische Baustein der Chromosomen. Sie ist eine lange Kette, die im Wesentlichen aus Zucker und Phosphat besteht, welche abwechselnd aneinander gereiht sind. Die DNS enthält den genetischen Code eines Lebewesens und ist einmalig bei jedem Individuum (Ausnahme: eineiige Zwillinge). Der Aufbau der DNS bestimmt Gesundheit, Charakter, Intelligenz usw der Hunde. DNS ist in fast allen Körperzellen vorhanden (Ausnahme: rote Blutzellen). Die DNS befindet sich überwiegend im Nucleus (Zellkern), als Chromosomen organisiert.

Körperzellen leben wesentlich kürzer als der gesamte Organismus. Deshalb müssen im Körper ständig neue Zellen entstehen. Aus einer Ursprungs- oder Mutterzelle entstehen zwei Tochterzellen, diese werden wiederum Mutterzellen und teilen sich in zwei Tochterzellen usw. Die Zellteilung zur Zellerneuerung stellt sicher, dass ein Organismus weiterlebt, da die Körperzellen nur eine relativ geringe Lebensdauer haben und absterben. Ohne Zellteilung findet kein Weiterleben statt. Der Organismus stirbt.

Gene (Träger der Erbanlagen) treten wie Chromosomen nicht einzeln, sondern doppelt auf. Zu jedem Gen gehört ein ihm entsprechendes Partnergen, das auch Allel genannt wird. In jeder Samenzelle sowie in jeder Eizelle ist für alle Erbeigenschaften mindestens ein Gen vorhanden. Hunde besitzen wahrscheinlich rund 200.000 Einzelgene bzw 100.000 Genpaare. Bei der Paarung zweier Hunde erhält jeder Welpe von jedem Elter je die Hälfte seiner Gene. Nach dem Deckakt fügen sich die Chromosomen neu zusammen. Dabei mischt die Natur rein zufällig die Gene. Das Dominanz- und Rezessivitätsprinzip entscheidet, welches Gen sich durchsetzt, wenn ein Hund verschiedenartige Chromosomen auf einem Gen besitzt. Ein Allel (Variante eines Gens) kann dabei ein anderes unterdrücken und somit bestimmen, was geschieht. Das unterdrückende Allel ist dominant, das unterdrückte Allel ist rezessiv. Wolfsgrau ist z.B. dominant gegenüber Weiß. Ein weißer Schäferhund hat auf jedem Gen nur weiße Allele und kann auch nur weiße Allele vererben. Er ist für weiß reinerbig (homozygot). Wird er mit einem anderen weißen Schäferhund gekreuzt, sind alle Welpen reinerbig (homozygot) weiß und können wiederum nur weiße Gene vererben. Wird ein weißer Schäferhund jedoch mit einem andersfarbigen Hund gekreuzt, kann er nur weiße Welpen zeugen, wenn der andere Hund ein weißes Gen trägt. Da weiß rezessiv gegen alle anderen Farben vererbt wird, kann ein weißer Hund nur weiße Gene tragen und zwei weiße Hunde können immer nur weiße Welpen zeugen. Ist ein Elter z.B. wolfsgrau, der andere Elter weiß, dann kommt es darauf an, ob der Wolfsgraue für Weiß mischerbig (heterozygot) ist oder aber mischerbig für eine andere Farbe. Oder ob er reinerbig (homozygot) wolfsgrau ist. Paart man zwei reinerbig wolfsgraue Hunde, sind alle Welpen wolfsgrau und können ebenfalls nur wolfsgrau vererben. Ist ein wolfsgrauer Elter mischerbig für weiß (weiß ist rezessiv und wird von grau unterdrückt), sind alle Welpen wolfsgrau, wahrscheinlich ist aber ein Teil reinerbig wolfsgrau, der andere mischerbig für weiß. Die mischerbigen Hunde können dann weiße Welpen zeugen, wenn sie mit einem für weiß mischerbigen Hund oder einem weißen (reinerbigen) Hund gekreuzt werden. Ein weißer Hund ist immer reinerbig für seine Farbe, denn weiß vererbt sich gegen alle anderen Farben rezessiv. Ein reinerbig weißer Hund wird aber für andere Eigenschaften mischerbig sein. Ein Hund ist normalerweise sowohl rein- als auch mischerbig für verschiedene Eigenschaften.

Zwei reinerbig Weiße zeugen immer nur Weiße, zwei reinerbig Graue immer nur Graue. Reinerbig weiß und reinerbig grau gibt für Weiß mischerbige Graue. Weiße Welpen können dann entstehen, wenn der mischerbig Graue (für Weiß) mit einem ebenfalls für Weiß mischerbigen oder einem reinerbig weißen Hund (also einem weißen Hund) gekreuzt wird. Aus diesem Grund fallen auch heute noch gelegentlich weiße Welpen in Würfen Deutscher Schäferhunde. In Würfen aus zwei weißen Schäferhunden werden immer nur weiße Welpen fallen. Ein Hund kann natürlich auch Gene für mehr als eine oder zwei Farben tragen. Die Vererbung wird dann komplizierter. Ein Hund ist nie in allen genetischen Anlagen rezessiv oder dominant.

Für die **Farbvererbung** ist eine große Anzahl von Genen von Belang. Verschiedene Pigmente beeinflussen die Färbung von Haut, Haar und Iris. Das Pigment besteht aus chemischen Verbindungen, die man Melanine oder Pigmentgranula nennt. Diese können in der äußeren, inneren oder beiden Schichten des Haares oder im inneren Mark vorhanden oder nicht vorhanden sein. Eumelanin bezeichnet dunkles, also schwarzes oder braunes Pigment, Phäomelanin nennt man helles Pigment, also gelbes bis rotes. Unter dem Mikroskop erscheinen Pigmente als kleine Körnchen. Je nach Menge und Verteilung der Pigmente ist das Fell heller (z.B. blau, creme) oder dunkler (z.B. schwarz, rot). **Weiße** Hunde haben keine Pigmente im Haar. Durch kleine Luftkammern, die Luft im Haar einschließen, erscheint das Haar als weiß. Es gibt weiße Hunde, die kein Hautpigment aufweisen, also rosa Haut haben, was auch an Lefzen, Ballen, Lidrändern und Nasenspiegel zu erkennen ist. Meist haben diese Hunde auch blaue Augen. Ein echter Albino hat zudem „rote" Augen. Diese sind eigentlich farblos, erscheinen aber durch die durchscheinenden Blutgefäße als rot. Albinos erhalten gewöhnlich keine Zuchtzulassung. Sie kommen äußerst selten bei Hunden vor. Hat ein weißer Hund blaue Augen, kann es sich nicht um einen echten Albino handeln, selbst wenn dieser Hund kein

Hautpigment aufweisen sollte. Beim Leuzismus sind keinerlei pigmentbildende Zellen vorhanden. Beim Albinismus sind diese Zellen vorhanden, aber unfähig, Melanine zu bilden. In jedem Fall sind aber beide schlicht unpigmentiert. Auch leuzistische Hunde sind in der Zucht nicht geduldet. Normalerweise haben weiße Hunde blaues oder schwarzes Hautpigment, das die Haut teilweise oder vollständig bedeckt, auch wenn diese Hunde blaue Augen haben sollten. An Nase, Lefzen, Lidrändern, Ballen und sonstigen gut sichtbaren Hautstellen kommt das dunkle Pigment zum Ausdruck. Pigment kann stark, schwach oder wechselnd sein. Läufige Hündinnen können im Pigment vorübergehend schwächeln, was sich wieder gibt, wenn die Hitze vorbei ist. Säugende und tragende Hündinnen sind meist sehr gut pigmentiert, was nach der Säugephase wieder abschwächen kann. Manche Hunde reagieren mit einer Wechsel- oder Schneenase auf kalte Außentemperaturen. Die Nase kann aufhellen und sogar ganz rosa werden. Im Sommer wird sie wieder dunkel bzw schwarz. Tyrosinase, das Enzym, das für das dunkle Pigment sorgt, ist bei manchen Hunden temperaturempfindlich, so dass es zu (vorübergehend) aufgehelltem Pigment kommen kann. Das ist normalerweise unbedenklich. Bei weißen Hunden, die normal dunkel pigmentierte Haut haben (komplett oder teilweise) kommt es zu Unterbrechungen der Signalstruktur zwischen Haut- und Haarfarbe. Die Haut ist dabei normal pigmentiert, aber die Farbe wird nicht in das Fell eingelagert. Kastration bewirkt oft eine Aufhellung des Fells und des Hautpigments. Gute Pigmentierung wird jedoch auch vererbt. Bei den meisten Hunderassen sind keine Albinos oder pigmentschwache Hunde in der Zucht geduldet. Man geht davon aus, dass pigmentlose / pigmentschwache Hunde anfälliger für Krankheiten oder lebensschwach sind. Allerdings wird ein Hund sicherlich nicht anfälliger, nur weil er beispielsweise nach einer Kastration ein wenig helleres Pigment bekommen hat oder weil im Winter sein Nasenspiegel leicht aufhellt oder gar (oh, wie schlimm...) rosa wird.

Die **Fellfarbgenetik** des Weißen Schweizer Schäferhundes ist ein interessantes und fesselndes Thema. Neben vielen anderen Dingen macht ja das schöne Fell seine Faszination aus. Das weiße Fell dieser Rasse hat nichts mit Scheckung (die bei manchen Rassen nahezu bis reinweiße Hunde hervorbringt), Leuzismus (pigmentbildende Zellen sind nicht vorhanden) oder Albinismus (pigmentbildende Zellen sind vorhanden, aber unfähig, Melanine zu bilden) zu tun. Weiße Schäferhunde können normales Hautpigment bilden. Aber warum bleibt das Fell frei davon?

Der Wildtyprezeptor (E) erkennt das melanozytenstimulierende Hormon, sodass dunkles Pigment gebildet werden kann. Ist die Signalübertragung aufgrund einer Mutation im Melanocortinrezeptor gestört, bleibt die Bildung des dunklen Pigments aus. Melanocortinrezeptoren sind eine Gruppe von G-Protein-gekoppelten Rezeptoren. Sie vermitteln die Wirkungen der Melanocortine – Melanotropine (MSH) und Adrenocorticotropin (ACTH) weiter. Bis heute kennt man 5 dieser Rezeptoren. Der Melanocortin-1-Rezeptor (MC1R) wird auf Melanozyten exprimiert und kontrolliert die Hautfärbung. Dieser Rezeptor wird durch den Extension-Locus (Ausdehnungsserie) codiert. Die Ausdehnungsserie sorgt bei manchen Hunden z.B. für eine schwarze Gesichtsmaske. Es bestehen bei vielen Rassen Wechselwirkungen zwischen der Extension-Serie und der Agouti-Serie (Wildfärbung).

Offensichtlich verhalten sich also pigmentbildende Zellen im Haar anders als die in der Haut. Die Fellfarben werden durch zwei Melanintypen bestimmt, also schwarzes oder braunes Eumelanin und rotes oder gelbes Phäomelanin. Die Produktion der Pigmente erfolgt in den Melanozyten. Normal pigmentierte Hunde verfügen über das Enzym Tyrosinase, das die Bildung von Melanin zulässt. Dieses fehlt Voll-Albinos gänzlich, weshalb der ganze Körper unpigmentiert ist. Um Eumelanin im Haar zu bilden, müssen die MC1-Rezeptoren (in der Membran von Melanozyten) durch die Bindung eines melanin-stimulierenden Hormons aktiviert werden. Weiße Schweizer Schäferhunde sind homozygote

Träger einer Mutation im MCl-Rezeptor („ee"). Es kommt in der Folge dazu, dass eine Melaninsynthese der Haut in das Fell unterbleibt. Die Hunde haben also ganz normal pigmentierte Haut, aber die Farbe wird aufgrund einer Unterbrechung der Signalstruktur zwischen Haut- und Fellfarbe nicht in das Fell eingelagert. Das Fell bleibt farblos. Es kann nur helles Phäomelanin gebildet werden. Der Hund erscheint also weiß, wenn wenig oder kein Phäomelanin ins Haar eingelagert wird (z.B. Weißer Schweizer Schäferhund, Samojede), gelblich oder rötlich (z.B. Labrador Retriever), wenn mehr Phäomelanin ins Haar eingelagert wird. Ist sehr viel Phäomelanin vorhanden, erscheint der Hund rot (z.B. Irish Setter). Wie diese Farbabstufungen zustande kommen, ist bisher nicht geklärt. Offensichtlich ist aber das Phäomelanin bei den helleren Fellfarben verdünnt.

Beim Weißen Schweizer Schäferhund gibt es blaues und schwarzes Pigment, aber er kann auch schwächeres Pigment aufweisen und ursprünglich helle Haut wird schwarz, wenn der Hund einmal einer Schur unterzogen wurde. Die Produktion von dunklem Pigment ist wichtig, um vor schädlicher UV-Strahlung zu schützen. Eine übermäßige oder dauernde Zufuhr von UV-Strahlen kann das Erbgut schädigen oder zu Hautkrebs führen. Um sich davor zu schützen, wird die Haut dunkel, wenn das Fell geschoren wurde. Die Melanozyten werden durch diverse Signale zur Melaninproduktion angeregt. Ein Hund kann natürlich auch dunkles Pigment aufweisen, ohne geschoren worden zu sein. Hunde, die ganzjährig gut pigmentiert sind, verfügen wahrscheinlich über hohe Expressionslevel von MC-Rezeptoren und/ oder von Tyrosinase. Wechselnasen, die hier und da beim Weißen Schweizer Schäferhund auftreten, hellen im Winter auf und können ganz rosa werden, werden im Sommer aber wieder dunkel (eventuell sogar schwarz). Dieses auch Schneenase genannte Phänomen kommt wahrscheinlich aufgrund eines geringeren Expressionslevels von Tyrosinase zustande, welches im Sommer aufgrund der UV-Strahlung höher sein kann. Das ist kein

Pigmentmangel im herkömmlichen Sinn, sondern mit den verschiedenen Hautfarben bei Menschen vergleichbar. Wahrscheinlich sind Hunde aber auch aufgrund ihrer Genetik unterschiedlich pigmentiert. Die Wechselnase kommt bei vielen Hunden erst ab einem Alter von 2-3 Jahren vor, da dann die Genaktivität nachlassen kann. Weiße Schweizer Schäferhunde sind also völlig normal pigmentierte Hunde, und ihre Farbe hat nichts mit Pigmentschwächen, Albinismus oder Erkrankungen zu tun. Bei der Zucht sollte man gut pigmentierte Hunde verpaaren, da sich die Pigmentierung natürlich auch vererbt. Leichte Pigmentmängel (z.B. fleckige Pigmentverluste an den Lidrändern) sollten jedoch nicht alleine Grund sein, einen Hund von der Zucht auszuschließen. Man sollte jedoch darauf achten, einen Hund, der schwächeres Pigment aufweist, mit einem gut pigmentierten Hund zu verpaaren. Aus welchen Verpaarungen weiße Welpen zu erwarten sind, wurde bereits erläutert. Zwei weiße Schäferhunde miteinander verpaart, werden aber immer nur weiße Welpen zeugen.

Weiße Schweizer Schäferhunde werden in **kurzem Stockhaar** und **Langstockhaar** gezüchtet. Stockhaar soll ca. 2,5 bis 5 cm lang sein, also relativ kurz am Körper, an Rute, Hals und Hinterseite der Läufe ein wenig länger. Das Fell darf aber niemals so kurz wie beispielsweise beim Kurzhaarcollie oder Labrador Retriever sein. Langstockhaar ist 5-10 cm lang, Körper, Ohren, Läufe, Hals und Rute sind dabei etwas länger behaart, es bilden sich „Fahnen" sowie längere Behaarung auch der Ohren, mitunter auch Ohrbüschel. Auch dieses Fell hat wärmende Unterwolle (die auch ein wenig gegen Hitze schützt) sowie eine wasserabweisende Funktion. Eine „Mähne" am Hals kann sich ebenfalls bilden. Langstockhaar vererbt sich rezessiv gegen Stockhaar. Ein Hund, der zwei Langstockgene hat, ist langstockhaarig und kann auch nur Langstockgene vererben. Ein Hund, der stockhaarig ist, kann entweder reinerbig stockhaarig sein und somit niemals Langstockhaarige zeugen. Oder er kann für Langstockhaar mischerbig sein, und demnach ein Gen für Stockhaar

(Kurzstockhaar) und eines für Langstockhaar aufweisen. Das Langstockgen wird vom Kurzstockgen unterdrückt. Langstockwelpen werden dann geboren, wenn dieser Hund mit einem anderen Langstockträger, also einem langstockhaarigen Hund oder einem stockhaarigen, für Langstock mischerbigen Hund, gekreuzt wird. Reinerbig Stockhaar und reinerbig Stockhaar ergibt immer reinerbig Stockhaar. Reinerbig Stockhaar und reinerbig Langstockhaar ergibt im Wurf nur stockhaarige, für Langstockhaar mischerbige Welpen. Diese Hunde sind stockhaarig, können aber das Langstockgen weiter vererben, da sie dafür Träger sind. Reinerbig Langstockhaar und reinerbig Langstockhaar ergibt reinerbig Langstockhaar. Kreuzt man einen stockhaarigen, für Langstock mischerbigen Hund mit einem Hund desselben Genbildes, sind sowohl ein Teil stockhaarige als auch ein Teil langstockhaarige Welpen zu erwarten. Es ist aber auch möglich, dass nur eine Haarart auftritt – man weiß ja nie genau, wie die Natur die Gene mischt. Durchschnittlich entstehen aus zwei stockhaarigen, für Langstock mischerbigen Hunden hauptsächlich stockhaarige Welpen, es können aber natürlich auch langstockhaarige Welpen fallen. Im Schnitt fallen dann bis zu 25 % Langstockwelpen. Zwei Langstockhunde werden aber immer nur Langstockwelpen zeugen. In letzter Zeit tauchen vermehrt Weiße Schweizer Schäferhunde auf, die man weder eindeutig der einen noch der anderen Haarart zuordnen kann. Möglicherweise ist die Dominanz zwischen den Allelen der beiden Haararten nicht vollständig. Je nach Genkombination verfügt ein Weißer Schweizer Schäferhund eigentlich entweder über langes oder kurzes Stockhaar. Es darf nie so kurz wie beim Kurzhaarcollie oder Kurzhaardackel wirken, ist aber normalerweise auch nicht so lang und füllig wie beim Langhaarcollie. Häufig wird behauptet, der Rough Collie (Langhaarcollie) hätte keine Unterwolle. Das ist aber falsch und macht bei einem harten Arbeitshund an der Herde keinen Sinn. Auch der Kurzhaarcollie hat Unterwolle und Deckhaar. Das Fell des Weißen Schweizer Schäferhundes ist in jedem Fall wetterfest und pflegeleicht.

Kastration bewirkt durch hormonelle Umstellungen oftmals ein leichtes Längenwachstum des Fells, es kann auch weicher und dicker werden. Ebenso kann Kastration zu einer leichten Aufhellung des Fells und des Hautpigments führen. Die genetischen Anlagen ändern sich dadurch natürlich nicht, was jedoch nicht von Bedeutung ist, da kastrierte Hunde ohnehin nicht (mehr) zur Zucht verwendet werden können.

Hüftgelenksdysplasie ist bei Weißen Schweizer Schäferhunden aus kontrollierter Zucht glücklicherweise kein großes Problem. Man muss sich in der Zucht natürlich auch weiterhin darum kümmern, dass es auch so bleibt. Leider haben Weiße Schweizer Schäferhunde aus unkontrollierter Zucht allerdings nicht selten mit HD bis teilweise schwersten Grades zu kämpfen und werden deshalb manchmal sogar eingeschläfert. Doch muss ich an dieser Stelle darauf hinweisen, dass es auch in der kontrollierten Zucht zu Rückschlägen kommen kann, die aber zum Glück relativ selten vorkommen. Die HD ist eine Erb-Umwelt-Krankheit. Die Genetik spielt dabei die größte Rolle. Aber auch Umwelteinflüsse (Fütterung, Bewegung usw) sind teilweise für die Ausprägung mit verantwortlich. Wahrscheinlich wird die HD polygen vererbt, die Zuchtvereine und Tierärztliche Hochschulen arbeiten an entsprechenden genetischen Tests. Polygen bedeutet, dass mehrere oder viele Gene gemeinsam ein Merkmal beeinflussen. Bei der HD wurde ein dominantes Hauptgen nachgewiesen, das wohl für das Vorkommen der HD verantwortlich ist. Durch eine Vielzahl Nebengene wird weiter auf die Ausprägung der Krankheit eingewirkt. Es sollten immer nur Verpaarungen HD-frei + HD-frei oder HD-frei + HD-fast-normal vorgenommen werden. Die HD sollte ein zu großes Problem darstellen, also noch HD-leicht zuzulassen. Da die HD wahrscheinlich polygen vererbt wird, sind sicher sehr viele Gene beteiligt. Das Hauptgen sorgt für die Existenz der HD, die Nebengene beeinflussen die Schwere der Erkrankung. Die HD kann einen Hund kaum, aber auch hochgradig belasten. Wahrscheinlich muss ein bestimmter Schwellenwert vorhanden bzw überschritten sein, damit die HD zum Ausdruck kommt. Wir unterstellen 20 Gene (die genaue Anzahl ist meines Wissens derzeit noch nicht bekannt). Diese Gene stellen wir uns als grüne Kugeln (gesund) und rote Kugeln (krank) vor. Verfügt ein Hund nur über grüne Kugeln, ist er gesund, sowohl phänotypisch (im Erscheinungsbild, im Röntgenbild sichtbar), als auch genotypisch (in seinen genetischen Anlagen). Hat ein Hund nur rote Kugeln, hat er schwere HD. Diese ist sowohl im Röntgenbild sichtbar als auch vererbbar. Paaren wir nun zwei Hunde, die beide nur grüne Kugeln haben, sind alle Welpen sowohl genotypisch als auch phänotypisch gesund. Wenn wir nun einen Rüden einsetzen, der 9 krankmachende (rote) Kugeln und nur 11 grüne (gesunde) Kugeln hat, kann er im Röntgenbild gesund erscheinen. Aber er trägt die schlechte Veranlagung in seinem Erbgut. Wird er mit einer Hündin gekreuzt, die das gleiche schlechte Genbild aufweist, können sowohl die gesunden als auch die krankmachenden Gene beider Hunde vererbt werden. Je mehr rote Kugeln vorhanden sind, desto schwerer ist die HD ausgeprägt. 20 grüne Kugeln bedeuten HD-frei, sowohl phänotypisch als auch genotypisch. 20 rote Kugeln bedeuten schwere HD, sowohl genotypisch als auch phänotypisch. Je mehr rote Kugeln ein Welpe also von seinen Eltern erbt, umso wahrscheinlicher ist es, dass er HD bekommt. Und je mehr rote Kugeln vorhanden sind, desto schwerer ist der Hund betroffen. Die Wahrscheinlichkeit für Welpen mit HD wäre dann am höchsten, wenn zwei Hunde mit einer entsprechend hohen Anzahl krank machender Gene verpaart würden. Das erklärt, warum aus zwei äußerlich gesunden Hunden manchmal HD-belastete Welpen fallen, wobei alle HD-Grade möglich sind. Die Natur mischt bei solchen Genbildern beliebig. Verpaarungen mit belasteten Eltern sollten vermieden werden. Deshalb sollten die Röntgenergebnisse der Hunde in die Ahnentafeln eingetragen werden. Fallen aus bestimmten Verpaarungen immer wieder belastete Welpen, müssen die Verpaarungen sorgfältig überdacht, eventuell vom Zuchtausschuss genehmigt oder im Extremfall die Elterntiere für die weitere Zucht gesperrt werden. Die Geschwister, Eltern und schon eventuell vorhandene Nachzucht sollte man ebenfalls überwachen. Es können in einem Wurf durchaus belastete und gesunde Welpen gleichermaßen liegen. Und auch äußerlich gesunde Eltern können HD-belastete Welpen zeugen. Das ist nur ein Grund, warum der ganze Aufwand mit Ahnentafeln, Zuchtbüchern, Zuchtschauen, HD-Untersuchungen usw von größter Wichtigkeit ist. Aus zwei phänotypisch gesunden Eltern können Welpen mit allen HD-Graden fallen. Derzeit arbeiten die großen Rassehundezuchtvereine (auch für andere Rassen) in Zusammenarbeit mit anderen Institutionen wie z.B. Tierärztlichen Hochschulen an genetischen Tests, um die Erkrankung bzw genetische Veranlagung frühzeitig zu erkennen und einzudämmen (das gilt auch für andere Erkrankungen). Wenn man bestimmte Verpaarungen vermeidet, könnten eventuelle Träger in der Zucht verbleiben. Dies ist nur ein Grund, warum das Führen von Ahnentafeln und Zuchtbüchern oder auch das Einlagern von DNS in Datenbanken wichtig ist. Bei einem Welpen ohne Papiere hat man diese Hilfe nicht (obwohl auch ein Hund ohne Papiere ein guter und gesunder Hund sein kann

oder auch ein Hund mit Papieren erkranken oder ein genetisches Risiko haben kann). Wird ein Hund mit gesunden Hüften in
seiner Jugend dauernd über- oder fehlbelastet (häufiges Trep-
pensteigen, zu frühes und zu langes Herlaufen neben dem Fahrrad, zu früher und nicht sorgfältig aufgebauter Hundesport, falsche Ernährung, z.B. Trockenfutter, zuviel Getreide, falsche Vita-
min-D3- und Calciumgaben usw), kann dies ebenfalls zu schweren Schäden der Hüften führen. Ein entsprechend veranlagter
Hund muss nicht zwangsläufig erkranken, wenn man verschiedene Punkte wie Ernährung, Bewegung usw gewissenhaft beachtet. Das Risiko ist aber dennoch gegeben. Und ein solcher
Hund sollte auch nicht oder nur mit Vorbehalt in der Zucht verwendet werden. Der Zuchtpartner sollte absolut sauber in Bezug
auf HD vererben. Stellen sich bei solchen Verpaarungen Nach-
zuchten mit HD heraus, sollte der Träger von der Zucht ausgeschlossen werden.

Verpaarungssysteme

Die **Inzestzucht** bezeichnet die Verpaarung zweier Hunde im
Verwandtschaftsverhältnis ersten und zweiten Grades, also
Halb- und Vollgeschwister, Eltern und Kinder, Großeltern und En-
kel. Diese Zuchtform dürfte in allen seriösen Zuchtvereinen verboten sein. Es entsteht eine unstreitige Vereinheitlichung der Eltern und Nachkommen. Man kann durch die Verdopplung glei-
cher Gene sehr schnell begehrte Eigenschaften fixieren. Allerdings festigen sich unerwünschte Eigenschaften und Erb-Krank-
heiten ebenfalls. Folgen der Inzestzucht sind oftmals erhöhte
Krankheitsanfälligkeit bei den Nachkommen, verringerte Lebenserwartung, kleinere Würfe, vermehrte Totgeburten usw. Die
Inzestzucht darf nur mit völlig gesunden Ausgangstieren und unter kontrollierten Bedingungen stattfinden. Eine solche Verpaarung muss ein Ausnahmefall bleiben und vom Zuchtausschuss
des Vereins ausdrücklich genehmigt werden.

Die **Inzucht** bezeichnet nach allgemeiner Definition die gezielte Verpaarung von Hunden, die näher mit einander verwandt sind als der Durchschnitt der Rassepopulation und demnach gemeinsame Vorfahren aufweisen. In jeder Generation verdoppelt sich die Anzahl der Vorfahren. Ein Hund hat zwei Eltern, vier Großeltern, acht Urgroßeltern usw. Verfolgt man die Ahnenreihen des Hundes immer weiter zurück, stößt man irgendwann auf alte Bekannte. Die meisten Rassen sind aus einer Handvoll Gründertiere entstanden. Da wir vor etwa 20 Jahren noch gar nicht so viele Hunde im Bestand hatten, wie nötig wäre, sollten die Hunde überhaupt nicht miteinander verwandt sein, findet man relativ schnell die gleichen Hunde in den Ahnenreihen (das gilt auch für andere Rassen!). Man sollte dennoch versuchen, den Inzuchtgrad möglichst gering zu halten. Zuviel Inzucht ist immer von Nachteil für die Tiere.

Die **Linienzucht** ist ebenfalls eine Form der Inzucht, wobei die Tiere nicht so eng verwandt wie bei der Inzestzucht sind. Man greift hierbei bewusst auf gemeinsame Vorfahren der väterlichen oder mütterlichen Seite zurück. Man kann die Linienzucht hin und wieder gezielt und kontrolliert einsetzen, um bestimmte erwünschte Merkmale zu festigen, wie eine pechschwarze Hautpigmentierung und reinweißes Fell, schön geformte Köpfe, gerader Rücken o.ä. Im Prinzip gilt hier das gleiche wie bei der Inzestzucht, nur sind die negativen Auswirkungen nicht so gravierend, weil die Zuchtpartner nicht ganz so eng miteinander verwandt sind. Auch die Linienzucht darf nur sehr gezielt mit gesunden und wesensfesten Tieren vorgenommen werden.

Negative Auswirkungen von Inzucht sind vielfältig: verminderte Lebenserwartung, erhöhte Sterblichkeit (teilweise sterben die Embryonen schon im Mutterleib ab), kleinere Würfe, erhöhte Krankheitsanfälligkeit, verringertes Größenwachstum, andere Erbfehler wie Stummelruten, Spaltrachen, Gebissfehlstellungen usw.

Fremdzucht, Outcrossing oder Heterose: bei der Fremdzucht, dem Gegenstück zur Inzucht, werden Hunde gekreuzt, die weniger eng als der Rassedurchschnitt miteinander verwandt sind. Man sollte die Fremdzucht favorisieren. So kann man z.B. Hunde aus anderen Zuchtvereinen oder dem Ausland integrieren. Verfolgt man allerdings die Ahnenreihen weit genug zurück, ist es oft ähnlich wie in Deutschland: irgendwann trifft man wieder auf alte Bekannte. Die Fremdzucht sollte hin und

wieder in Zuchten eingesetzt werden, in denen ein hoher Inzuchtgrad herrscht. Sie reduziert die Ähnlichkeit zwischen Eltern und Nachkommen. Genetisch gesehen hat sie viele Vorteile, obwohl es die Festigung erwünschter Merkmale meist erheblich erschwert wird.

Bei der **Merkmalszucht** sind in erster Linie bestimmte Merkmale, also Äußerlichkeiten, Fellfarbe, Pigmentierung, aber auch Leistungsmerkmale (z.B. Hüteeigenschaften) von Bedeutung. Der Verwandtschaftsgrad der Hunde untereinander spielt dabei erst einmal keine Rolle.

Wichtig sind nur bestimmte Eigenschaften, z.B. Arbeitseigenschaften, Fellfarben, Kopfform usw. Wer nur nach äußerlichen Merkmalen züchtet, läuft Gefahr, Wichtiges wie Gesundheit oder Wesen zu vernachlässigen. Das kann sich später rächen. Die äußere Erscheinung alleine ist kein Garant für ebensolche Nachkommen, denn der Hund kann auch ganz andere Merkmale vererben. Dominante Anlagen vererben sich immer, rezessive Merkmale dagegen treten nur in Erscheinung, wenn die Zuchtpartner dieselben rezessiven Gene tragen. Die Merkmalszucht kann die Ähnlichkeit von Eltern und Nachkommen steigern. Es existieren unzählige Eigenschaften, die ein Hund vererben kann. Es ist also wahrscheinlich, dass man zwar nicht identische Hunde bekommt, dass man aber zumindest einen relativ ähnlichen Hundetypus herauszüchten kann. Hunde, die nahezu oder völlig gleich aussehen, sind häufig Halb- oder Vollgeschwister bzw durch gesteigerte Inzucht entstanden. Inzucht kann viele Vorteile bieten, aber auch mit sehr großen Risiken verbunden sein. Durch die Einbeziehung von **molekulargenetischen Erkenntnissen** (genetischer Fingerabdruck, Genmarker, Fingerprint), die Aufschluss über die genetischen Anlagen der Hunde geben, kann man in Zukunft die Zucht noch zielgerichteter positiv beeinflussen. Dazu wird genetisches Material des Hundes untersucht (Haare, Blut, Hautzellen usw) und in DNS-Datenbanken eingelagert. Wer sich weiter mit diesem faszinierenden Thema beschäftigen möchte, findet im Anhang entsprechende Literatur.

63

Schäferhund in Weiß?

Weiß ist – im Gegensatz zu schwarz, der kompletten Abwesenheit von Farbe - die Summe aller Farben des Lichts. Physikalisch gesehen verkörpert Weiß also „Alles". Weiß ist die vollkommene Farbe, die Farbe der Reinheit und des Lichts. Weiß symbolisiert Licht, Glaube, das Ideale, das Gute, Sauberkeit, Reinheit, Unschuld, Bescheidenheit, Wahrheit, Klugheit, Neutralität... Der Weizen gab Weiß den Namen: „white" und „wheat" (im Englischen), „vit" und „vete" auf Schwedisch. „Bianco" im Italienischen, „Blanc" im Französischen sowie „Leukos" im Griechischen, was Leuchten bedeutet. Weiße Tiere werden als „gottnah" bezeichnet. Zeus trat in Europa als weißer Stier auf, Christus wird gerne als weißes Lamm dargestellt, die weiße Taube verkörpert den Heiligen Geist. Rinder, insbesondere weiße, werden in Indien verehrt. Weiße Rinder gelten in Indien als Verkörperung des Lichts. In China sind Reiher und Ibis heilige Vögel der Unsterblichkeit. Die Farbe der Götter wurde somit Farbe der Priester. Weiß ist die Farbe der wichtigsten Festtage in der katholischen Kirche. Der Papst, als Kirchenoberhaupt, trägt immer Weiß. In Ägypten galt die Farbe Weiß als Verkörperung der Freude und des Glücks. Als „Kind der weißen Henne" bezeichnen die Römer jemanden, der dauernd Glück zu haben scheint. Weiß verkörpert oft das Gute, als Gegenspieler zu Schwarz, dem Bösen. Weiß verkörpert den Tag, Schwarz die Nacht, Gott ist weiß, der Teufel schwarz. Weiß gilt als reine und saubere, bzw hygienische Farbe. Auf weißer Farbe lässt sich Sauberkeit leichter kontrollieren. Die Arbeitskleidung in Kliniken, Labors, Küchen und Lebensmittelläden ist oftmals ebenfalls weiß. Weiß verkörpert auch die Unschuld, die Reinheit. Das weiße Opferlamm gilt als Symbolbild Christi. Die weiße Lilie, auch Madonnenlilie genannt, ist Sinnbild der unbefleckten Empfängnis. Weiß ist ein Symbol purer Reinheit, wir verbinden es mit Schnee und Licht. Weiß gilt als Ausgewogenheit aller Farben und kann für jede andere Farbe stehen, denn ihr Lichtspektrum enthält nahezu alle Farben. Es gibt verschiedene Formen und Bezeichnungen für

Weiß: brillantweiß, schneeweiß, käseweiß, schlohweiß, kreide-
bleich, albinoweiß… Es gibt Weiß in verschiedenen Tönen, auch
nicht alle Weißen Schweizer Schäferhunde weisen dasselbe
Weiß auf: während der überwiegende Teil der Hunde tatsächlich schneeweiß ist, weisen einige gräuliche, rötliche oder gelbliche Verfärbungen in unterschiedlich intensiven Tönen auf, sind
aber dennoch „weiß".

Viele Menschen reagieren auf einen weißen Schäferhund faszi-
niert oder mit weniger Angst, wenngleich sie vor einem schwar-
zen oder anders dunkel gefärbten Schäferhund zurückweichen.
Natürlich ist das nur ein subjektiver Eindruck. Es verschafft dem
Weißen Schweizer Schäferhund aber einen gewissen Vorteil: er
wird von der Umwelt als freundlich wahrgenommen, was er
meistens ja auch ist. Weiß übt auf viele Menschen eine Faszination aus. Da gibt es die Friedenstaube, die immer als weißer Vo-
gel dargestellt wird, bei Hochzeiten ist es seit vielen Jahren in
Mode (das war nicht immer so!), dass die Braut ein weißes Kleid
trägt, und in den meisten Fällen werden Hochzeitskutschen von
weißen Pferden gezogen. Weiße Tiere, die man eigentlich eher
in gedeckten Farben kennt, wie z.B. Büffel, Eichhörnchen, Wölfe,
Füchse, wirken auf den Betrachter meistens interessanter und
„magischer". Weiße Rinder gelten beispielsweise in Indien als
heilige Tiere, und niemand darf sie anrühren. Weiße Hirsche gibt
es ebenfalls und von ihnen geht eine ganz besondere Faszination aus.

Heute weiß man, dass der weiße Schäferhund möglicherweise
alleine aus rein optischen Gründen aus der Zucht des Deutschen
Schäferhundes verbannt wurde. Möglicherweise wurde den
weißen Schäferhunden auch die Vererbung von defekten Genen angedichtet, aber dafür, dass sie tatsächlich derartige Fehler vererben, gibt es keine Beweise. Normalerweise sind Weiße
Schweizer Schäferhunde normal pigmentiert und gesundheitlich robust. Es könnte allerdings sein, dass die weiße Farbe anderweitig hinderlich war. Möglicherweise schränkt die helle

Farbe die Eignung als Diensthund ein, da der Hund im Dunkeln leichter erkannt werden könnte (aus diesem Grund wurden weiße Hunde früher von Hirten geschätzt). Da stellt sich allerdings die Frage, ob ein Deutscher Schäferhund nur nachts im Einsatz ist. Und tagsüber kann ein Verbrecher ihn auch sofort erkennen.

Inzwischen hat der Weiße Schweizer Schäferhund sich als Rasse etabliert. Nicht nur sein liebenswertes Wesen, auch sein wunderschönes Äußeres machen ihn als Begleit- und Familienhund, teilweise auch als Arbeitshund, aber immer mit engem Familienanschluss, beliebt. Dabei leistet die schöne, weiße Farbe sicher einen nicht unerheblichen Beitrag. Schaut man sich einen weißen Schäferhund an, wirkt er sofort freundlich und liebenswert – in den allermeisten Fällen trifft das auf Weiße Schweizer Schäferhunde ja auch zu. Dabei wirken auch wildfarbene Weiße durchaus attraktiv. Die bei einigen Weißen vorkommenden rötlichen oder gelblichen „Abzeichen" an Rücken, Ohren und/ oder Rute (bei manchen Hunden findet sich sogar noch eine Gesichtsmaske) ergeben einen schönen Kontrast zum restlichen weißen Fell. Weiß ist also nicht gleich Weiß. Auch die Pigmentierung der Haut kann bei den einzelnen Hunden variieren. Es gibt Schlimmeres als eine Wildfärbung. Um die genetische Basis zu erweitern, sollten durchaus auch wildfarbene Weiße ihren Platz in der Zucht finden. Außenstehende fragen oft kopfschüttelnd: „Schneeweiße Hunde… habt ihr eigentlich sonst keine Probleme in der Zucht?" An dem Satz ist etwas Wahres, denn gefährliche Erbkrankheiten können weit schlimmere Folgen haben als eine Wildfärbung und eine Wechselnase. Die Festlegung auf eine einzige erlaubte Fellfarbe kann sich schon als problematisch genug erweisen – da müssen nicht noch gute Hunde wegen einer Schweinchennase (oh, wie schlimm!) oder einem Aalstrich auf dem Rücken (oh, wie furchtbar!) von der Zucht ausgeschlossen werden, obwohl sie eigentlich recht gute Eigenschaften in die Zucht bringen könnten. Hunde aus Skandinavien oder England beispielsweise weisen oft eine Wildfärbung und eine nicht ganz perfekte Pigmentierung der Haut auf. Wenn Wesen und Gesundheit stimmen, sollte man das hin und wieder in Kauf nehmen, auf lange Sicht tut man der Rasse damit etwas Gutes, denn manche Linien in der WSS-Zucht sind schon recht eng gezüchtet. Bei den Samojeden sind neben weißen Hunden auch solche mit cremefarbenem Ton oder bisquitfarbenen Flecken zugelassen (in den Anfängen der Zucht gab es sogar andere Farben wie schwarz, schwarz-weiß und wolfsgrau). Bei dieser Rasse interessiert es niemanden, ob der Hund einen aufgehellten Nasenspiegel oder gelbliche Flecken im weißen Fell hat. Wenn der Hund in die Zucht passt, wird er meistens auch eingesetzt – ob er nun reinweiß ist oder nicht. Man setzt bei den Samojeden bevorzugt auch öfter mal solche Hunde in der „weißen" Zucht ein, um die Hautpigmentierung zu verbessern. Beim Weißen Schweizer Schäferhund sind manche Linien schon recht eng gezüchtet, und man sollte eher kleine „Rückschritte" in puncto Farbe und Pigmentierung (ich meine keine Krankheiten und Wesensmängel!) in Kauf nehmen. Vielleicht bedeutet das einen kleinen Rückschritt, was Fellfarbe und Hautpigmentierung betrifft, aber für die Rasse bedeutet es genetisch einen großen Schritt nach vorne. Reinweiße Hunde mit schwarzer Hautpigmentierung? Ja, aber nicht um jeden Preis. Im Übrigen variieren auch bei anderen Hunderassen die Haarfarben. Das Gelb des Deutschen Boxers etwa variiert von Hellgelb über Lohfarben (Orange, Rotgelb) bis hin zu Dunkelrot und kann auch eine Scheckung oder Stromung aufweisen. Es gibt sogar ganz weiße Deutsche Boxer, aber diese Farbe hat nichts mit der Genetik des Weißen Schweizer Schäferhundes zu tun, denn der Boxer gehört zu den Hunden der Scheckungsserie.

Egal, ob reinweiß oder wildgefärbt: wir haben eine wundervolle Rasse, auf die wir stolz sein können, ist der Weiße Schweizer Schäferhund doch eine der schönsten, liebenswertesten und sensationellsten Hunderassen der Welt.

Teil 2: Allgemeine Informationen

Die Ernährung

Das Thema Fütterung kann ich hier nur anschneiden. Ich empfehle jedem Hundehalter, sich mit der **Rohfütterung** grundlegend auseinander zu setzen. Richtig zusammengestellt, ist die
Rohfütterung die beste, gesündeste und natürlichste Art, einen
Hund zu ernähren. Wer dennoch auf **Fertigfutter** (oder eine Kom-
binatin aus Fertig- und Rohfutter) zurück greifen möchte, sollte
dabei einiges beachten, denn die überwiegende Mehrheit des
Fertigfutters ist überaus schlecht zusammengesetzt. Krebs-,
Zahn- und Nierenleiden, Diabetes, Gestank, Fell- und Hautprobleme und vieles mehr sind auf schlechte Futter zurückzuführen.
Allerdings sind auch ständig zusammen gestellte eigene Futter-
portionen auf Dauer nicht zuträglich. Nun kann man auch mit
BARFen einiges falsch machen, allerdings nicht so viel wie bei
der Fütterung eines durchschnittlichen (schlechten) Fertigfutter.
Allerdings gibt es einige wenige Hersteller, die gutes Fertigfutter
anbieten. Auch gesunde Snacks wie bestimmte Hundekekse
(die meist nur in speziellen Hundebäckereien erhältlich sind –
man kann Hundekekse aber auch selbst backen) oder Trockenfisch und Trockenfleisch gibt es von einigen Anbietern. Gutes
Futter bekommt man in einem gut geführten Zoofachhandel o-
der im Internetversand, in der Regel nicht im Discounter und
schon gar nicht beim Tierarzt. Es gibt sogar spezielle BARF-Läden.

Neben Riesenmenge Getreide enthält schlechtes Futter noch
ein paar Schlachtabfälle bzw Tierische Nebenerzeugnisse. Das
sind Dinge, die für den menschlichen Verzehr untauglich sind,
wie z.B. Krallen, Hufe, Lefzen, Haare, Schuppen, Federn, Darminhalt, tote Tiere aus Tierkörperverwertungsanstalten usw. Manchmal sind mit der Bezeichnung „Tierische Nebenerzeugnisse"
auch Innereien, Schweinsohren, Hühnchenfüße usw gemeint,
die in Maßen als Leckerli oder auch Komplettierung der normalen Mahlzeit gefüttert werden dürfen. Schlechtes Futter enthält

auch Lockstoffe, damit der Mist auch gefressen wird. Um minderwertiges Fertigfutter für das menschliche Empfinden etwas weniger unappetitlich erscheinen zu lassen, wird Zucker oder Caramell zugefügt. Dies wiederum ist für Hunde sehr ungesund und führt u.a. zu Zahnschäden und Diabetes. Dass solches Futter für einen Beutegreifer nicht gesund ist, dürfte nun jedem einleuchten. Es gibt aber auch einige Anbieter, die besseres Futter auf den Markt bringen (z.B. Rint™). Ein gutes Futter wird normalerweise als Nassfutter angeboten, also in Schalen, Beuteln oder Dosen, und besteht zu möglichst aus 60-70 % Fleisch, davon auch gerne ein kleinerer Teil Innereien. Es gibt auch Vollfleischdosen, bei denen noch ein kleiner Anteil pflanzlicher Bestandteile (z.B. Haferflocken, geraspelte Karotten) sowie eventuell eine Phosphor-/ Calciumquelle (z.B. zermörserte Eierschale, Knochenmehl) und je nach Zusammenstellung der Dose eventuell auch etwas Fett (Butterschmalz, Lachsöl o.ä.) zugegeben werden müssen. Leider sind aber auch viele Dosenfutter unbrauchbar und wertlos, da sie nur aus billigen Abfällen bestehen. Ein kleiner Teil Gemüse, Getreide sowie eine Calciumquelle (z.B. Knochenmehl, Eierschale, Caliumcitrat) gehören ebenfalls ins Futter. Vollfleischdosen können als nicht ganz perfekte, aber vertretbare Alternative zum Barfen verwendet werden, falls man kein Rohfleisch füttern möchte oder kann (z.B. im Urlaub oder wenn anderweitig kein Frischfleisch verfügbar ist). Den Vollfleischdosen kann man kleine Mengen geraspeltes Gemüse, Haferflocken ect beifügen. Neben der Möglichkeit, Fleisch ect „normal vor Ort" zu erwerben, kann man es auch einmal in einem BARF-Shop (auch im Internet) oder im Zoofachhandel versuchen. Im Geschäft sollte man nicht erwähnen, dass das Fleisch für Hund & Katz' ist, denn meistens bekommt man dann nur schlechtere Ware…

Man rechnet rund 2-3 % des Körpergewichts als Futtermenge, d.h. 2-3 % vom Körpergewicht des Hundes erhält der Hund in Gramm an Hundefutter in seinem Napf. Von minderwertigem Futter muss weit mehr gefüttert werden, damit der Hund satt wird. Je nach Situation und Beanspruchung des Hundes (Alter, Gewicht, Aktivität, Laktation (Säugeperiode), Trächtigkeit, Bewegung, Sport, Außentemperatur, Wachstum usw) kann die benötigte Nährstoff- und Futtermenge sinken oder ansteigen. Auch der Gesundheitszustand des Hundes kann eine Rolle spielen. Sehr großer Appetit des Hundes bei gleichzeitiger Abmagerung kann u.a. auf Würmer oder Krankheiten hindeuten. Frisches Wasser muss natürlich immer bereit stehen. Die Futter- und Wasserschüsseln werden mindestens 1 mal täglich gründlich gereinigt. Futter sollte nicht ständig zur Verfügung stehen. Frisch- und Dosenfutter verdirbt schneller (insbesondere bei Hitze) und kann Ungeziefer anlocken oder den Hund zu einem mäkelnden Fresser erziehen. Allerdings kann die sofortige Wegnahme des Napfes dazu führen, dass man einen Fresssack bekommt, der wirklich alles in sich hineinstopft, denn das Futter könnte ihm ja weggenommen werden. Am besten nimmt man den Napf erst einige Minuten später weg. Reste werden entweder entsorgt oder bis zur nächsten Mahlzeit im Kühlschrank aufbewahrt, sofern noch verwertbar. BARF wird im Tiefkühler aufbewahrt und langsam im Kühlschrank aufgetaut. Hat man es einmal vergessen, kann man etwas warmes Wasser zufügen, um den Tauvorgang zu beschleunigen. Man sollte das Futter ca. eine halbe Stunde vor Verfütterung aus dem Kühlschrank nehmen, um es auf Zimmertemperatur zu bringen oder etwas warmes Wasser oder warme Brühe zufügen. **BARF-Mahlzeiten** kann man komplett servierfertig in Kunststoffdosen oder -beuteln einfrieren, aber auch täglich frisch zubereiten. Ersteres ist meiner Erfahrung nach praktischer und praktikabler. Futter soll nicht ständig zur Verfügung stehen, aber es ist gut, dem Hund immer ein Kauleckerli zu geben. Das pflegt sein Gebiss und beschäftigt ihn, wenn er alleine ist. So kommt er nicht so schnell auf dumme Gedanken. Man kann z.B. Stücke aus getrockneter Rinder- und Büffelhaut, Kaninchenohren, Schweinsohren, Rinderohren, Lammohren usw geben, die man im Fachhandel bekommt. Auch rohe Knochen (gegarte bzw erhitzte Knochen können splittern!) sind geeignet (keine Schweineknochen). Der Hund sollte vorsichtig an rohe

Knochen gewöhnt werden und immer Fleisch dazu bekommen, so dass er die Knochen besser verdauen kann. D.h., das Fleisch sorgt dafür, dass die Magensäfte gebildet werden können. Hühner- und Putenhälse, Rinder- und Kalbsschwänze, Kaninchenkeulen, Lammbeine usw sind geeignet. Hunde, die Probleme mit den Zähnen haben oder alte Hunde können auch gewolfte Knochen, Knochenmehl oder Calciumcitrat zur Calcium-/ Phosphorversorgung in ihr Futter bekommen. Welpen und Junghunde bekommen anfangs nur wenige und weiche Knochen. Übermäßig gefüttert, können Knochen zu Durchfall, Erbrechen oder Verstopfung führen. Entgegenwirken kann z.B. mit Leber (rohe Leber führt ab, gekochte Leber kann stopfen). Ein erhöhter Rohfasergehalt (geraspeltes, rohes Gemüse), etwas Milch (wenig!) oder Käse können bei Verstopfung Abhilfe schaffen. Zuviel Milch und Milchprodukte können zu Durchfall führen. Viele Hunde vertragen Laktose nicht, weil ihnen das erforderliche Enzym (Laktase) fehlt. Bei einigen (nicht bei allen) Hunden stellt sich das Enzym ein, wenn immer mal in kleinen Mengen entsprechende Lebensmittel ins Futter gemischt werden und die Menge langsam gesteigert wird. Hunde können auch Allergien oder Unverträglichkeiten gegen andere Futterbestandteile entwickeln, die entsprechend ausgetauscht werden sollten. Ganze Futtertiere wie Kaninchen oder Hühner kann man auch wolfen. Man kann das Futter auch für alte Hunde oder Welpen wolfen, ebenso für Hunde mit Zahnproblemen oder mäkelige Fresser. Man kann bestimmtes Dosenfutter, Käse, Eier, gekochte Nudeln, Würstchenwasser, Brühe von ausgekochten Markknochen usw untermischen. Eier können gekocht, gebraten oder roh geschlagen verfüttert werden. 1-3 Eier wöchentlich reichen aus. Um eine Überversorgung mit Fleisch auszuschließen, kann man ein- bis zweimal wöchentlich einen fleischfreien Tag einlegen. Ständig unausgewogene Mahlzeiten oder unverträgliche Inhaltsstoffe im Futter können sich verschieden äußern: Durchfall, Verstopfung, stumpfes Fell, Hautprobleme, Haarausfall/ übermäßiges Haaren, Gestank des Hundes, Augenprobleme, Gelenkserkrankungen usw. Über einen gewissen Zeitraum kommen gesunde, erwachsene Hunde damit zwar recht gut zurecht. Spätschäden können sich dennoch bemerkbar machen. Eine Überversorgung mit Vitamin A kann sich ebenso wie eine Unterversorgung in Augen- oder Skelettproblemen äußern, ein Vitamin-B-Mangel kann Nervenprobleme zur Folge haben usw. Ich empfehle unbedingt weiterführende Literatur, wenn man seinen Hund auf diese tolle Art ernähren möchte.

Fett macht im Gegensatz zu Getreide nicht fett! Auch Fleisch macht nicht fett. Fett muss immer im Futter enthalten sein, z.B. sind manche Vitamine fettlöslich, und Fett ist ein besserer Energiespender als Kohlenhydrate. Dennoch kann zuviel Fett bei manchen Hunden zu Problemen führen (z.B. zu Verdauungsbe-

schwerden). Dann sollte man die Fettmenge entsprechend reduzieren. Fett sollte auch nicht ranzig oder anderweitig verdorben sein. Man darf niemals rohes Schwein (Fleisch, Knochen, Fett usw – eben gar nichts) füttern, da dieses das für Hunde und Katzen grundsätzlich tödliche Juckseuchevirus (Pseudorabies, Aujeszky'sche Krankheit) enthalten kann, das für Menschen ungefährlich ist. Andere Erreger, die bei Menschen zu Erkrankungen führen können, wie z.B. Salmonellen, werden zum einen durch die Verdauungssäfte des Hundes zum größtenteils unschädlich gemacht. Das Fleisch sollte zudem vor dem Verfüttern einmal eingefroren werden. Da überlebt kein Wurm. Vorsicht kann bei geschwächten Tieren angebracht sein, die manchmal tatsächlich anfälliger sind. Es gelten desweiteren normale Hygienestandards. Und man sollte nur Fleisch und Innereien von für den menschlichen Verzehr zugelassenen Schlachttieren verfüttern.

Kokosöl und -flocken im Futter schützen bis zu einem gewissen Grad vor Würmern (und anderen Parasiten). Bei einem starken Wurmbefall, den sich der Hund z.B. zuziehen kann, wenn er drau-

ßen ein ganzes Wildtier (wie z.B. eine Maus, ein Kaninchen) frisst oder an einem befallenen Häufchen schnüffelt, sollte man auf ein Mittel vom Tierarzt zurückgreifen. Ein starker Wurmbefall kann große Probleme bei Mensch und Tier hervorrufen. Würmer befinden sich meistens im Magen-Darm-

Trakt der Beutetiere. Man sollte Fleisch verfüttern, das von für den menschlichen Verzehr zugelassenen Schlachttieren stammt. Dieses wird vor dem Verkauf einer Fleischbeschau durch Tierärzte unterzogen. Und den Wurm möchte ich sehen, der das Einfrieren übersteht. Es gibt Teile vom Schlachttier, die von für Menschen zugelassenen Schlachttierkörpern stammen, sich für Menschen nicht anbieten, aber Hunden (in Maßen) gefüttert werden dürfen, wie z.B. Pansen, Rinderohren, Lammohren, Hühnerfüßchen, Knochen, Blut, Kaninchenköpfe…

Der Hund sollte langsam an **Knochen** gewöhnt werden, sofern er es nicht schon beim Züchter von klein auf kennen gelernt hat. Die meisten Hunde reagieren auf plötzliche und/ oder übermäßige Knochenfütterung mit hartnäckiger Verstopfung, manche auch mit Durchfall oder Erbrechen. Zu harte Knochen können zu Zahnschmelzveränderungen oder Zahnabbrüchen führen. Man sollte lieber hin und wieder einen weichen, rohen Knochen wie einen Hühnerhals oder eine Kaninchenkeule füttern (mit viel Fleisch), das ist bekömmlicher. Später kann man mehr und härtere Knochen geben, sofern der Hund dies verträgt und annimmt. Rinder- und Kalbsschwänze sind sehr beliebt. Man kann sie im Ganzen füttern oder in Stücke teilen (eventuell erledigt das auch der Metzger). Mehr als 10 % der Futtermenge sollten Knochen nicht ausmachen. Bei Unverträglichkeiten auf Alternativen wie Knochenmehl, Calciumcitrat, zerstoßene Eierschalen, gewolfte Hühnerhälse u.a. ausweichen. Zu wenig Calcium kann aber auch zu Problemen führen, etwa zu Gelenks- oder Knochenerkrankungen. Knochen müssen unbedingt vollständig roh verfüttert werden. Durch Erhitzen entmineralisieren sie, werden hart und spröde, können splittern und zu bösen Verletzungen in Maul, Kehle und Magen-Darm-Trakt führen. Diese Gefahr besteht bei vollständig rohen Knochen in der Regel nicht. Dennoch muss man bei der Knochenfütterung sehr umsichtig sein und sollte eher Knochen von jüngeren Schlachttieren wählen. **Zahnstein** ist unansehnlich, kann zu Zahnschäden, Zahnausfall und Zahnschmerzen führen. Außerdem bilden sich Bakterien, die sich über die Blutbahn im ganzen Körper ausbreiten können. Zahnstein kann somit indirekt an Nieren-, Herz- und anderen Erkrankungen mitbeteiligt sein können. Zahnbelag (gelbliche, leichte Ablagerungen an den Zähnen) ist die Vorstufe von Zahnstein. Beim Zahnstein handelt es sich um leichte bis starke, gelbliche, gräuliche oder bräunliche Ablagerungen an den Zähnen. Eventuell riecht der Hund unangenehm aus dem Fang. Blutungen in der Maulhöhle sind möglich. Einen leichten Zahnstein kann man mit Kauknochen, rohen Knochen, Zähneputzen u.ä. vermindern. Stärkerer Zahnstein muss unter Narkose vom Tierarzt entfernt werden, der auch kranke Zähne sanieren oder ziehen kann. Man kann die Zähne mit Wasserstoffperoxyd (3%ige Lösung) und einer speziellen Hundezahnbürste, die man über den Finger stülpen kann, putzen. Anschließend kann man Dentisept™ oder eine ähnliche Substanz auftragen. Hierbei handelt es sich um eine klebrige Zahncreme, die an den Zähnen und dem Zahnfleisch haftet. Die Wirkstoffe werden nach und nach an die Zähne und ins Blut abgegeben. Sie wirken entzündungshemmend und desinfizierend. Reicht das alles nicht aus, kann nur noch der Tierarzt den Zahnstein unter Narkose mittels Ultraschall entfernen. Eine gesunde Ernährung sollte den Zahnstein verhindern oder gering halten. Dennoch bekommen auch gut ernährte Hunde manchmal Zahnstein. Man vermutet bei einigen Hunden eine genetische Veranlagung für Zahnstein. Futter, das nicht ausreichend gekaut wird oder weich ist (z.B. Dosenfutter, gewolftes Fleisch) sorgt natürlich nicht für eine ausreichende „Abnutzung" der Zähne. Viele Hunde schlingen ihr Futter herunter und kauen es nicht. Vielleicht kann man mit Kauartikeln wie getrockneten Ochsenziemern o.ä. entgegen wirken. Trockenfutter ist meistens aus äußerst minderwertigen Zutaten zusammengesetzt, führt durch die enthaltene Stärke zu vermehrtem Zahnstein. Es weicht durch den Speichel des Hundes auf und pappt an den Zähnen fest. Es sollte nicht gefüttert werden oder höchstens keine Mengen als Leckerli, das aber aus mindestens 70 % Fleisch bestehen sollte.

Für Nasenarbeit, zur Belohnung beim Training oder nach dem Ohrensaubermachen, Medikamenteneingabe ect eignen sich je nach Verträglichkeit und Vorlieben des Hundes Käse, Trockenfleisch, Trockenfisch, gekochte oder rohe Fleischstückchen, Leber usw. Am praktischsten ist Trockenfleisch. Es riecht angenehm, ist gut zu handhaben und kann in die Hosentasche gesteckt werden. Je nach den Umständen kann die benötigte Nährstoff- und Futtermenge ect variieren. Obst und Gemüse sollte geraspelt oder püriert werden, da Hunde die Inhaltsstoffe sonst nicht aufspalten können. Kleine gekochte Mengen Kartoffeln und Nudeln können hin und wieder gegeben werden (müssen aber nicht). Kerne und Steine sollten aus Obst entfernt werden, sie können giftig sein oder zu Darmverschlüssen führen. Es sollten auch nur rohe Knochen von möglichst jüngeren Schlachttieren gefüttert werden (bis zu 10 % der Gesamtfuttermenge). Fisch kann einmal wöchentlich auf dem Speiseplan stehen. Fische enthalten oftmals Enzyme, welche die Vitamin-B-Aufnahme stören können bzw B-Vitamine zersetzen können. Rohe Fische können im Ganzen gefüttert werden, bei gegarten muss man den Kopf und die Gräten entfernen. Im Winter kann man etwas mehr und gehaltvoller füttern (z.B. etwas mehr Fett) als im Sommer, da der Energieverbrauch sich u.a. auch mit der Jahreszeit verändert. Fett ist als Energiespender besser geeignet als Getreide. Gute Fette sind zudem auch wesentlich gesünder und machen im Gegensatz zu Getreide nicht fett. In kleinen Mengen gefüttert, kann gutes Getreide (z.B. Dinkelflocken, Haferflocken) bei gesunden Hunden aber seine Berechtigung haben.

Futtertabelle
Obst / Gemüse
Erdnüsse, Himbeeren, Äpfel, Aprikosen, Bananen, Birnen, Brombeeren, Johannisbeeren, Kirschen (ohne Stein), Pfirsiche + Nektarinen (ohne Kern), Broccoli, Gurken, Karotten, Salate, Sellerie, Zuchchini

Fleisch/ Innereien/ Knochen (Rind, Lamm, Kalb, Geflügel, Kaninchen, Wild ect)

Zartes Muskelfleisch, Mittelbrust, Rinderhals, Rinderzwerchfell, Stichfleisch, Kopffleisch, Zunge, Lefzen, Schlund, Blut, Herz, Leber, Lunge, Milz, Magen, Niere, Geflügelmagen, Kaninchenmagen, Rindermagen, Kehlkopf, Luftröhre, Geflügelhälse, Hühner-, Enten-, Putenflügel, Karkassen, ganze junge Hühner und Kaninchen, Kaninchenköpfe, Kalbsbrustknochen, Rinderbrustbein, Rinderrippe, Kalbsbrustbein und -rippe, Lammbrustbein und -rippe, fleischige (Gelenk-) Knochen vom Kalb, Rind, Lamm, Markknochen von Kalb, Rind, Lamm, Suppenfleisch mit und ohne Knochen, Rinderbeinscheiben, Kalbsbeinscheiben, Lammbeinscheiben, Rinderschwanz, Kalbsschwanz

Öle / Fette

Leinöl, Walnussöl, Rapsöl, Lachsöl, Butter, Butterschmalz, Gänseschmalz, Rindertalg, Weizenkeimöl, Kokosöl (letzteres hilft in Maßen gegen Würmer (im Futter) und gegen äußere Parasiten (ins Fell gerieben) – man kann auch Kokosraspel untermischen, das ebenfalls gegen Würmer wirkt)

Nüsse / Ölsaaten

Erdbeeren, Haselnüsse, Walnüsse, Caschewnüsse, Kürbiskerne, Sonnenblumenkerne

Fische

Rotbarsch, Makrele, Scholle, Hering, Sardine, Kabeljau

Milchprodukte

Buttermilch, Sauermilch, Dickmilch, Naturjoghurt, Hüttenkäse, Frischkäse, Quark; je nach Verträglichkeit auch Butterkäse, Gouda, Weichkäse, Parmesan und Butter (in kleinen Mengen)

Eier

Ganze Eier können gekocht, gebraten oder roh gefüttert werden. Die Schale kann zerkleinert unter das Futter gegeben werden und ersetzt die Knochenfütterung. Eiklar kann mit Eigelb zusammengefüttert werden (kein reines Eiklar füttern, da dies u.a. Biotin zerstören kann). Das Eigelb enthält aber riesige Mengen Biotin. 1-2 Eier wöchentlich reichen aus.

Sie enthalten Eiweiß und alle Vitamine außer Vitamin C (das Hunde selbst bilden können). Der Vitamingehalt hängt auch vom Futter der Henne ab. Um die Keimbelastung zu verringern, kann man das Ei ohne Schale füttern oder die Schale vor dem Verfüttern heiß abspülen.

Kräuter / Heilpflanzen
Brennesseln gehackt (ggfs. leicht angewelkt oder getrocknet, da weniger brennend), Brombeerblätter, Himbeerblätter, Gänseblümchenblätter, Hagebutten, Kamilleblüten, Löwenzahnblätter, Petersilie (Vorsicht bei tragenden Hündinnen)
Nahrungsergänzung
Bierhefe, Seelagenmehl, Grünlippmuschel (gut bei Gelenkbeschwerden wie Arthrose), Honig (naturbelassen; als Kur bei Schwäche oder in winzigen Mengen, um schlechte Fresser zum Fressen zu animieren)

Umstellung: Manche Hunde lassen sich einfach und schnell auf BARF umstellen. Andere können mit dem neuen Futter erstmal nicht viel anfangen können oder vertragen die Futterumstellung schlecht. Man kann versuchen, das neue Futter in ganz kleinen Mengen unter das alte zu mischen. Mit der Zeit wird das neue Futter in immer größeren Mengen untergemischt, der Anteil des alten Futters entsprechend verringert. Man kann auch kleine Mengen besonders geliebten Futters (bestimmte Dosenfutter, Käse, Bockwurstwasser, Brühe von ausgekochten Markknochen, Eier o.ä.) untermischen um die Akzeptanz zu erhöhen. Ein Großteil der Hunde liebt seine BARF-Mahlzeiten und kommt auch sehr gut damit klar. Aber manchmal gibt es auch Probleme. Das liegt auch an den Lockstoffen, die gerade Anbieter von minderwertigen Futtern einsetzen, da ansonsten kein normaler Hund den Mist anrühren würde. Man kann auch halb und halb mit einem guten Dosenfutter (z.B. Rinti™) füttern. Vielleicht bekommt der Hund während der Umstellungsphase kurzfristig ein wenig Verdauungsprobleme, weil sein Organismus sich erst noch auf die Rohfütterung einstellen muss. Das sollte aber recht schnell vorbei sein. Man tauscht täglich immer mehr Fertigfutter gegen Rohfleisch, falls der Hund anders damit nicht klar kommt. Bei der Umstellung von Trockenfutter kann man auch erst auf Dosenfutter und von diesem auf Frischfleisch umstellen. Oder wenn es der Hund besser verträgt, von Dosenfutter auf gekochtes Fleisch und von diesem langsam auf rohes (das Futter wird immer weniger gekocht und schließlich ganz roh gefüttert). Bei heiklen Fressern kann man dem Futter in kleinen Mengen geschätzte Leckereien begeben, wie z.B. Käse, Bockwurstwasser, bestimmte Dosenfutter, Eier, rohes oder gekochtes Fleisch / Innereien bei gutem Dosenfutter, gutes Dosenfutter bei BARF usw. Die Zeit, die ein Hund zum Umstellen des Futters benötigt, kann sehr unterschiedlich sein. Im Extremfall kann es sogar mehrere Monate dauern. Vielleicht sehen die Häufchen des Schäferhundes anfangs seltsam aus oder sind mit schleimigen oder hautähnlichen Fetzen überzogen. Das ist eine gewisse Zeit normal, denn der Verdauungstrakt des Hundes muss sich auf die neue Fütterungsform einstellen. Hat der Hund aber über mehrere Wochen oder gar Monate krasse Probleme, wie starke Verdauungsprobleme, stinkt er, hat er Fellprobleme, haart er stark, sieht die Haut seltsam aus, kratzt er sich dauernd, muss er sich viel übergeben, sieht das Erbrochene seltsam aus oder ähnliches, sollte er einmal dem Tierarzt vorgestellt werden, denn das sind wahrscheinlich keine normalen „Entgiftungserscheinungen" mehr. Weiße, harte Häufchen deuten auf übertriebene Knochenfütterung hin, schwarze, sehr kleine Häufchen entstehen meist, wenn zuviel Fleisch/ Blut/ Innereien gefüttert werden. Der Anteil an pflanzlichen Produkten sollte dann ein wenig gesteigert werden. Vernünftig ernährte Hunde scheiden eher kleine und wenige Häufchen aus. Auf Getreide kann man in der Hundefütterung gut verzichten. Wer dennoch Getreide füttern möchte, sollte das nur beim gesunden Hund tun und nur in kleinen Mengen (bis 1/8 der Gesamtfuttermenge). Man kann z.B. gekochten Reis, aber auch Dinkel- oder Haferflocken geben, die man ggfs. vorher in Brühe einweichen kann. Übermäßige Getreidegaben sind z.T. an Krebs-, Nieren- und anderen Leiden mit beteiligt. In kleinsten

Mengen schadet Getreide bei gesunden Hunden aber nicht. Haferflocken enthalten z.B. Eisen und B-Vitamine. Auch Blut (oder alternativ Blutmehlpulver, z.B. Fortan™) sollte man hin und wieder untermischen, für den Schäferhund 2-4 Esslöffel. Es enthält u.a. Eisen und Mineralien, frisches Blut enthält zudem auch viel Flüssigkeit. Blut und Blutmehlpulver kann man in verschiedenen Webshops kaufen. Eventuell kann man es auch in einer Metzgerei bestellen (kein Schweineblut), falls man kein Problem hat, damit zu hantieren. Einige Zoofachgeschäfte und Webshops bieten Rinder-, Kaninchen- und Hirschblut an. Blut ist reich an Eisen, Salzen und Mineralien. Frisches Blut kann man in Eiswürfelbehältern einfrieren und den Mahlzeiten bei Bedarf portionsweise zugeben. Seealgenmehl (messerspitzen- bis löffelweise zugegeben) kann ebenfalls eine sinnvolle Ergänzung der täglichen Mahlzeiten sein. Es enthält Mineralien, Salz und bewährt sich u.a. bei Hauptproblemen. Blut/ Eisen und Algen verstärken bei manchen Weißen die Wildfärbung bzw rufen sie hervor. Das sollte aber zweitrangig sein. Innereien können in kleinen Mengen zugefüttert werden. Leber ist z.B. reich an Vitamin A, das in hohen Dosen Knochen- und Augenerkrankungen begünstigen kann. Als Filter- bzw Entgiftungsorgan reichert sie auch viele Toxine an. Man kann Innereien bei Bedarf auch ersetzen, z.B. durch Öle, Lebertran usw. Der Weiße Schweizer Schäferhund sollte sorgsam an Knochen gewöhnt werden (anfangs zerstoßene Eierschale oder Knochenmehl in kleinen Mengen, dann wird die Menge gesteigert, schließlich gibt es den ersten, kleinen, weichen rohen Knochen (z.B. Hühnchenhälse, Kaninchenkeulen)). Außerdem sollte das Futter einen relativ hohen Fett- und Rohfasergehalt (z.B. geraspelte Karotten) aufweisen. Beides hilft, Verstopfungen vorzubeugen. Der Hund sollte ausreichend trinken. BARF-Mahlzeiten enthalten viel Flüssigkeit. Dem Hund muss trotzdem immer frisches Wasser zur Verfügung stehen. Etwas Käse oder Kuhmilch (wenig!) kann bei Verstopfung ebenfalls helfen. Einige Hunde neigen bei Knochenfütterung aber auch zu Durchfall oder Erbrechen. Manchmal reicht es, den Knochenanteil etwas zu senken. Gutes Fett ist gesund macht nicht fett im Gegensatz zu Kohlenhydraten (Zucker, Getreide usw). Dennoch sollte das Futter einen gewissen Rohfaser- bzw Kohlenhydratanteil aufweisen (z.B. geraspeltes Gemüse, kleine (!) Mengen guten Getreides wie Hafer- oder Dinkelflocken). Einige Hunde vertragen zuviel Fett nicht (reagieren z.B. mit Verdauungsbeschwerden). Dann den Fettgehalt senken oder andere Fette testen. Zuviel Fett führt eventuell zu Durchfall, Erbrechen, Bauspeicheldrüsenproblemen u.a.

Nicht fressen darf der Hund u.a. rohes Schweinefleisch, Weintrauben, Rosinen, gegarte bzw erhitzte Knochen. Zu viele Zwiebeln und Knoblauch (in winzigen Mengen ungefährlich, zuviel davon führt zu Blutarmut und Zerstörung der roten Blutkörperchen). Schokolade/ Kakao darf nicht gefüttert werden. Kakao enthält Theobromin, das bei Hunden zu Vergiftungserscheinungen führen kann. Eine Milchschokoladenmenge von 280 g, also keine drei Tafeln, kann einen 5 kg schweren Hund umbringen! Je mehr Kakao eine Schokolade enthält, also je dunkler sie ist, umso giftiger ist sie. Sollte der Hund Schokolade gefressen haben, sofort zum Tierarzt bzw Tierärztlichen Notdienst! Ungeeignet sind außerdem rohe Kartoffeln, eine Vielzahl Fertigfutter, zuckerhaltige Lebensmittel, Soja, Obstkerne (können zu Verstopfung, Darmverschluss und Vergiftungen führen), scharfe Gewürze. Rohe Kartoffeln und grüne Paprika (unreif) sind giftig für den Hund, gekochte

Kartoffeln kann man hin und wieder in kleinen Mengen geben. Auberginen und alle Kohlsorten sollte man ebenfalls nicht füttern. Holunderbeeren, Avocado, Hülsenfrüchte sind nicht geeignet (Bohnen, Erbsen, Soja, Linsen), da sie blähen und teilweise die Eiweißverdauung behindern. Menschliche Speisereste sind meistens auch nicht geeignet. Salz ist in kleinen Mengen für den Hund wichtig; ein Übermaß kann zu Bluthochdruck, Blasensteinen und Nierenproblemen führen. Die meisten Gewürze sind ungesund für Hunde. Schweinefleisch darf nur völlig durchgegart verfüttert werden, da es ein für Menschen ungefährliches Virus (Juckseuche, Pseudorabies oder Aujeszky-Krankheit genannt) enthalten kann, das Hunde und Katzen tötet. Allerdings soll das Virus auch schon in gekochtem Schweinefleisch nachgewiesen worden sein. Am besten verzichtet man im Zweifelsfall ganz auf Schweinefleisch. Nüsse immer frisch und in kleinsten Mengen füttern, ältere Nüsse können schimmelig sein. Schwarz- und Walnüsse sind giftig. Viele Nussarten führen zu Blasensteinen oder Störungen des Knochenstoffwechsels. Milchprodukte können eine sinnvolle Ergänzung des Speiseplans darstellen, wenn sie auch gut vertragen werden. Manche Hunde haben ein Problem mit Laktose, die oft zu Haut-, Verdauungs- und anderen Problemen führt. Milchprodukte wie Käse enthalten oft weniger Laktose als normale Milch. Zur Not kann man auf laktosereduzierte Produkte ausweichen. Bei manchen Hunden stellen sie die erforderlichen Enzyme ein, wenn immer wieder kleine Mengen (normal laktosehaltige!) Milchprodukte gefüttert werden.

Obst und Gemüse kann gekocht, roh gerieben oder geraspelt unter das Futter gemischt werden, damit der Hund die Inhaltsstoffe aufspalten kann. In der Natur frisst der Wolf oder Wildhund fast alles vom Beutetier: Knochen, Blut, Fleisch, Haare, Federn, Darminhalt mit vorverdautem Grünfutter usw, nur keinen Mageninhalt, oder Knochen, die so hart sind, dass der Wolf sie nicht zerbeißen kann. Wölfe ernähren sich zudem auch von Beeren, Kürbissen, Aas usw. Beim Barfen soll das Beutetier bestmöglich „nachgebaut" werden. Es gibt auch Hundehalter, die ganze

Beutetiere füttern, wie (tote!) Kaninchen oder Hühner, aber auch Lämmer, Kälber usw (bewährt sich z.B. bei der Haltung von mehreren Hunden). Ganztierfütterung im Rudel kann allerdings zu bösen Konflikten unter den Hunden führen, also aufgepasst! Das Futter sollte immer einen gewissen Anteil Fett beinhalten. Einige Vitamine sind fettlöslich, weshalb immer etwas Fett im Futter sein sollte. Fett ist ein guter Energiespender. Die richtigen Fette sind außerdem gesund. Teilweise sind wichtige Vitamine und andere Inhaltsstoffe enthalten. Im Gegensatz zu bestimmten Kohlenhydraten, wie wir sie etwa in Zucker und Getreide finden, machen Fette auch nicht dick (sofern keine bzw nur wenige Kohlenhydrate zugefüttert werden). Blut oder Blutmehlpulver (2-4 Esslöffel) kann man täglich oder mehrmals wöchentlich ins Futter geben. Wer frisches Blut bekommt und keinen Ekel davor empfindet, sollte dieses dem Blutmehl vorziehen. Kokosöl und Kokosflocken helfen vorbeugend und austreibend gegen äußere Parasiten wie z.B. Zecken (Kokosöl kann man auch ins Fell reiben), aber auch gegen Würmer. Bei einem stärkeren Befall wird man jedoch auf ein Mittel vom Tierarzt ausweichen müssen. Angeblich helfen auch rohe Karotten und Thymian gegen Parasiten. Knoblauch soll auch gegen Parasiten wie z.B. Flöhe helfen. Man sollte aber Knoblauch nur äußerst sparsam füttern; im Übermaß kann er etwa zu Blutarmut führen. Ab und zu in kleinen Mengen (z.B. einmal wöchentlich eine halbe Zehe) gefüttert, wird Knoblauch sicher nicht schaden. Hin und wieder ein Löffel Seealgenmehl ins Futter gegeben, ist gut für Haut und Fell des Weißen Schweizer Schäferhundes. Manche Weiße reagieren darauf mit stärkerer Wildfärbung, aber die Gesundheit sollte Vorrang vor der Fellfarbe haben.

Über einen gewissen Zeitraum (1-2 Wochen) sollte die Ernährung des Hundes ausgewogen sein. Es ist bei gesunden, ausgewachsenen Hunden nicht unbedingt notwendig, jeden Tag DIE PERFEKTE Mahlzeit zu kredenzen. Welpen bzw wachsende Hunde, tragende und säugende Hündinnen sowie kranke Hunde sollten täglich ausgewogene und ihren Bedürfnissen entsprechend angepasste Mahlzeiten erhalten. Gesunde, ausgewachsene Hunde ohne besondere Beanspruchung sind da etwas toleranter. Wichtig ist, dass der Hund über die Woche hinweg alle Nährstoffe im richtigen Verhältnis bekommt, die er braucht. Die einzelne Mahlzeit ist weniger das Problem. Wer Fertigfutter und Rohfleisch mischen möchte, muss auch hier einiges beachten. Fertigfutter sollte aus mindestens 70 % Fleisch bestehen (nicht nur, wenn man es zusammen mit Rohfleisch füttert). Ein 60- oder bis 90%iges Getreidefutter mit Rohfleisch gemischt, kann zu argen Verdauungsproblemen führen. Nicht alle Hunde vertragen die „gemischte Form". Man sollte dann versuchen, das Nassfutter nach und nach „auszuschleichen". Oder man füttert Rohfleisch und Nassfutter getrennt. Getreideflocken im Rohfutter sind ebenfalls nicht immer bekömmlich. Man sollte die Getreideflocken dann kochen. Wird auch das nicht vertragen, sollte man Getreideflocken nur noch eingeweicht oder gekocht in einer vegetarischen Mahlzeit anbieten. Man kann Getreide allerdings auch getrost ganz weglassen. Auf dem natürlichen Speiseplan des Wolfs und des Hundes nimmt es wenn überhaupt nur einen winzigen Raum im Darminhalt der Beutetiere ein. Hirsche, Rehe und Kaninchen ernähren sich aber weniger von Getreide, sondern eher von Grünpflanzen usw. Und das bisschen Getreide, das eine Ratte oder Maus im Magen hat, kann man getrost vernachlässigen. Wenn ein Hund gesund ist und Getreideflocken verträgt, kann er sie also hin und wieder bekommen. Andernfalls kann man gut auf Getreide in der Hundefütterung verzichten.

Barfen im Urlaub: Man kann fertige Barf-Portionen in Gefrierbeuteln in einer Kühlbox mitnehmen. Normalerweise wird sich im Urlaubsdomizil (zumindest in einer Ferienwohnung) ein Kühlschrank befinden, wenn man Glück hat mit kleinem Gefrierfach. Andernfalls kann man das Fleisch auch täglich frisch irgendwo einkaufen und einige Hafer-/ Gemüseflocken sowie etwas Öl untermischen. Im Urlaub müssen die Mahlzeiten des gesunden, erwachsenen Weißen Schweizer Schäferhundes nicht unbedingt

„perfekt" sein, wenn er den Rest des Jahres artgemäß ernährt wird. Falls alles andere zu umständlich erscheint, kann man ein gutes Fertigfutter oder auch Vollfleischdosen (z.B. von Rinti™) mitnehmen und letzterem ein paar Gemüse-, Haferflocken o.ä. zugeben. Auf keinen Fall sollte man aber ein durchschnittliches (schlechtes) Fertigfutter, vielleicht noch ein Trockenfutter, aufgebaut aus Abfällen der Getreide- und Fleischindustrie, geben. Das ganze Jahr über hat der Weiße Schweizer Schäferhund das Recht, artgerecht und gesund ernährt zu werden. Dann können wir im Urlaub kein 08/15-Futter geben, weil das einfacher ist! Sollte also „echtes" Barfen im Urlaub zu umständlich oder nicht möglich sein, gibt es eben mal „BARF light" oder ein ausgewogenes Nassfutter. Ein erwachsener, gesunder Hund wird das ganz gut verkraften (vorher schon einmal ausprobieren, ob der Hund das „Ausweichfutter" annimmt und verträgt). Ein kranker oder wachsender Hund sollte allerdings weiterhin ausgewogen gefüttert werden. Bei „Sonderfällen" wird man die „Mehrarbeit" in Kauf nehmen müssen, ein ausgewachsener, gesunder Hund kommt mit der „einfachen Fütterung" dagegen für ein paar Wochen ganz gut zurecht.

Durchschnittlich bekommt der Hund 2-3 % seines Körpergewichts als Futtermenge. Diese Menge kann variieren. Im Sommer verbrauchen Hunde allgemein weniger Energie als im Winter, ein wachsender Welpe hat einen anderen Bedarf als eine Zuchthündin oder ein sportlich sehr aktiver Hund, während ein alter oder kranker Hund oftmals mit weniger Futter auskommt. Wenn man den Eindruck hat, dass die Futtermenge nicht recht passt, kann man sie entsprechend anpassen. Man kann auch einen Tierheilpraktiker oder Tierarzt um Rat bitten. Allerdings kennen sich Tierärzte leider nicht grundsätzlich mit der Tierfütterung aus. Spezialdiäten, die häufig von Tierärzten angeboten werden, sind meistens ungeeignet. In der Regel fehlen wichtige Bestandteile, wie z.B. tierisches Eiweiß. Bestes Beispiel sind klassische Nierendiäten. Meistens hat das fleischarme Billigfutter (es gibt aber auch sehr viele teure „Billigfutter"!) die Nieren des Hundes krank gemacht (andere Ursachen sind hier und da ebenfalls in Betracht zu ziehen). Der Tierarzt verordnet dann meist ein Nierendiätfutter, das kein hochwertiges tierisches Eiweiß enthält, dafür aber Riesenmengen Getreide und anderes minderwertiges Zeug. Erwiesenermaßen würde eine Fütterung mit frischem, rohem Fisch, Geflügel- oder Kaninchenfleisch und einem hohen Anteil an Lachsöl (Omega-3-Fettsäuren im Lachsöl wirken entzündungshemmend) und etwas Gemüse sowie Milchprodukten die geschädigten Nieren entlasten. Getreide und Knochen sollte man bei Nierenpatienten meiden. Der Nierenpatient sollte ausreichend trinken, eventuell kann man ihn mit Traubenzucker, Fleisch- oder Knochenbrühe im Trinkwasser dazu animieren. Wer dennoch mit einem Spezialfutter, etwa einer Nierendiät, liebäugelt, sollte sich wie beim „normalen" Fertigfutter genau die Inhaltsstoffe ansehen. Der Fleischgehalt sollte, um bei dem Beispiel zu bleiben, bei Nierenfuttern nicht unter 70 % liegen, das Futter sollte KEIN Getreide enthalten, keine Knochen, keine Innereien. Etwas verträgliches Gemüse (z.B. Möhren) darf das Futter aber gerne beinhalten. Lachsöl ist eine gute Fettquelle und wirkt zudem entzündungshemmend (Omega-3-Fettsäuren). Als Fleischquelle ist meistens Kaninchen, Huhn und Pute, aber auch Fisch recht verträglich. Auch hier sollte man die Rohfütterung vorziehen. Reduktion von hochwertigem tierischem Eiweiß schont keine Hunde- oder Katzennieren, sondern macht sie krank und ruiniert sie mit der Zeit. Minderwertiges Eiweiß ist z.B. in Getreideabfällen (Spelzen usw) oder Tierischen Nebenprodukten (Schlachtabfällen) wie Krallen, Hufen, Haaren, Schuppen, Federn, Schnäbeln usw enthalten, wie wir sie in durchschnittlichen Fertigfuttern finden. Auch Hunde mit anderen Krankheiten müssen oftmals speziell gefüttert werden. Ich empfehle weitere Literatur, da diese Thematik im Rahmen dieses Rassebuchs zu weit führen würde; eventuell kann man sich beim Tierarzt oder Tierheilpraktiker beraten lassen (je nach dessen Ausbildung und Informationsstand).

Ausgewachsene Weiße Schweizer Schäferhunde werden 1-2 mal täglich gefüttert. Welpen, ältere und kranke Hunde sollte man mindestens 3 mal täglich füttern, um ihren Verdauungstrakt nicht zu überlasten (eventuell bis 5 Mahlzeiten). Regelmäßige Fütterungszeiten sollte man einhalten. Futter sollte nicht ständig zur freien Verfügung stehen (ausgenommen Kauartikel o.ä.). BARF und Nassfutter kann besonders im Sommer verderben oder Ungeziefer anlocken. Außerdem kann man sich einen mäkelnden Fresser erziehen, wenn der Hund sich immer nach Lust und Laune bedienen kann. Man kann einen Hund allerdings auch zum Fresssack erziehen, der alles vertilgt, was er bekommen kann, sollte man das Futter sofort wegnehmen, wenn der

Hund sich davon kurz abwendet. Den Futternapf nimmt man weg, wenn der Hund offensichtlich satt ist (aber erst einige Minuten später). Frisst der Hund den Napf zügig leer und schleckt ihn aus, war eventuell die Ration zu klein. Dann sollte man bei der nächsten Ration etwas mehr geben, vorausgesetzt, Figur und Gesundheitszustand des Hundes erlauben dies. Man sollte aber kein Futter nachge-

ben, sonst bestimmt in Zukunft der Hund, wieviel gefressen wird. Lässt der Hund Futter im Napf zurück, war die Portion wahrscheinlich zu groß. Dann fällt die Ration beim nächsten Mal entsprechend kleiner aus. Ein Hund, der ständig Appetit zu haben scheint, und dabei nicht zu- oder gar abnimmt, sollte einmal dem Tierarzt vorgestellt werden. Vielleicht steckt ein gesundheitliches Problem dahinter, etwa ein starker Wurmbefall. Einen schlechten Fresser kann man zum Fressen animieren, indem in kleinsten Mengen etwas untergemischt wird, das der Hund sehr gerne frisst, z.B. geriebener Käse, gekochtes Hühnchen, Eier (roh, gebraten oder gekocht), bestimmte Dosenfutter bei BARF untermischen oder rohes Fleisch bei Dosenfutter….. Hunde, die nicht genug zu trinken scheinen, kann man oft mit etwas Traubenzucker, Fleisch- oder Markknochenbrühe im Trinkwasser dazu bringen, mehr zu trinken. Frisches Wasser muss ständig bereit stehen. Brühe von ausgekochten Knochen in der Hauptmahlzeit ist ebenfalls zu empfehlen. Artgerecht gefütterte Hunde trinken aber allgemein sowieso weniger. **Ein Kauleckerli** sollte immer bereit liegen. Es pflegt das Gebiss und beschäftigt den Hund, z.B. getrocknete Rinder- oder Schweinsohren, ein roher Knochen, ein Rinder- oder Büffelhautknochen, ein getrockneter oder roher Ochsenziemer, ein roher Kalbs- oder Rinderschwanz, ein roher Puten- oder Hühnerhals….. Rohe Knochen sollte man eher unter Aufsicht füttern, getrocknete Stücke aus Haut ect können ständig zur Verfügung stehen. Solche Kauartikel pflegen das Gebiss, beschäftigen den Hund und beruhigen den Hund bei Langeweile und beim Alleinsein. Übrigens: Trockenfutter reinigt keine Zähne! Und Hunde sollten auch nicht zwischen den Mahlzeiten „vollgestopft" werden. Leckerli, die sich zur Beschäftigung oder Gebisspflege eignen, oder solche, die der Weiße als Belohnung beim Training, bei Pflegemaßnahmen oder bei der Medikamenteneingabe bekommt (man kann z.B. Tabletten in Leberwurst oder Frischkäse verstecken) oder die man für den Hund zum Suchen versteckt, sind natürlich in Maßen sinnvoll. Man sollte sie aber gezielt einsetzen, auf gesunde Leckerli achten und ggfs bei der Hauptmahlzeit berücksichtigen. Viele Weiße Schweizer Schäferhunde sind nicht sehr verfressen und ignorieren auch solche Leckerli teilweise. Andere Weiße dagegen sind wahre „Staubsauger" und nichts ist vor ihnen sicher!

Dieses Kapitel versteht sich nur als kleine Einführung in das Thema Hundeernährung. Im Anhang sind ein paar lesenswerte Bücher zum Thema genannt. Auch in manchen Internetforen kann man teilweise interessante Infos und Anhaltspunkte bekommen. Hunde können je nach Alter, Gesundheit, Beanspruchung usw unterschiedliche Ansprüche an das Futter stellen. Das muss bei der Zubereitung des Futters bedacht werden. Ein Hund sollte mit vollem Magen nicht herumtoben, sich übermäßig sportlich betätigen und es sollten auch Deckakte in dieser Zeit nicht stattfinden vermieden werden Eine **lebensgefährliche Magendrehung** könnte die Folge sein. Symptome wie vergebliche Versuche zu erbrechen, starkes Speicheln, Unruhe sowie Aufblähen des Vorderbauches können Anzeichen einer solchen Magendrehung sein. Der Hund muss in diesem Fall sofort zum Tierarzt! Nur durch eine Not-OP kann der Hund eventuell gerettet werden! Hunde mit schwachem Bindegewebe und solche, die schon einmal eine Magendrehung überlebt haben, sind meistens anfälliger für eine (erneute) Magendrehung. Gebarfte Hunde haben laut Studien nur selten Magendrehungen. Das ist aber keine Garantie!

Fleisch und Knochen können für Welpen, alte Hunde oder Hunde mit Zahnproblemen auch gewolft werden. Gewolftes Fleisch kann auch bei mäkeligen Fressern oder bei der Umgewöhnung hilfreich sein, wenn man es unter das bisherige Futter mischt und dieses nach und nach ausschleicht. Größere Fleischbrocken, die noch etwas gekaut werden müssen (soweit der Hund überhaupt kaut) sind der Zahngesundheit zuträglicher als kleingewolfter Fleischbrei.

BARF-Menü/ Beispielplan für die Wochenration eines ausgewachsenen, 25 kg schweren Weißen Schweizer Schäferhundes (mit Rohfleisch)

Rezept 1

200 g Hühnchenfleisch, gewürfelt

150 g Lunge, Magen, Milz und Herz vom Kaninchen oder Huhn

Dazu 100 g gequetschte Aprikosen ohne Kerne, 100 g geriebene Karotte, 50 g pürierter Salat und 1 TL Lachsöl.

Das Fleisch würfeln und verfüttern. Den Gemüse-Obst-Mix über das Fleisch geben oder getrennt verfüttern.

Zum Knabbern 200 g rohe Rinderknochen.

Rezept 2

250 g durchwachsenes Rindfleisch.

100 g Rinderschlund – längs aufgeschnitten.

Beides würfeln (in Streifen geschnittenes Fleisch soll Magendrehung begünstigen)

Dazu 100 g Gurke und 100 g Apfel raspeln. 1-2 EL gehackte Brennesseln und einen TL Rapsöl zugeben.

Zum Beißen 200 g Rinderkehlkopf.

Rezept 3

500 g grüner Rinderpansen (am besten draußen füttern)

1 rohes Ei mit Schale

200 g Rinderrippe

Rezept 4

450 g rohe Sardinen

100 g Karotte, geraspelt

100 g Sellerie, geraspelt

1 TL Kokosflocken

½ TL Hagebuttenpulver

Sardinen ggfs. kleinschneiden. Alle Zutaten vermischen und verfüttern.

Rezept 5

350 g Rinderbeinscheibe

Dazu:

50 g Brombeeren

150 g Gurke, geraspelt

1 TL Lachsöl

Brombeeren, Gurke und Lachsöl mischen und verfüttern. Die
Rinderbeinscheibe einzeln füttern.

Rezept 6

300 g Rinderkopffleisch mit Backe

50 g Rinderherz

Beides wolfen oder würfeln, dann verfüttern.

Dazu:

150 g Apfel, geraspelt

75 g Birne, geraspelt

25 g Blattsalat, püriert

1 TL Leinöl

½ TL Seealgenmehl

Alle Zutaten mischen und verfüttern.

Dazu:

100 g Rinderschwanz

Rezept 7 (Fleischfrei)

200 g Hüttenkäse

150 g geriebener Apfel

50 g blanchierter Broccoli

1 TL Bierhefe

1 TL Leinöl

120 ml Buttermilch oder Naturjoghurt

30 g Haferflocken

125 g Banane, klein geschnitten, püriert oder gequetscht

1 TL Honig

1 TL Knochenmehl oder gemörserte Eierschale

1 TL gemahlene Haselnüsse

Zutaten mischen und verfüttern.

Die Rezepte sind auf erwachsene, durchschnittlich beanspruchte Schäferhunde von 25 kg Gewicht ausgerichtet. Der Bedarf kann schwanken. Welpen, wachsende und kranke Hunde
sollten wirklich täglich ausgewogen und nach Bedarf gefüttert
werden, da sich gerade in der Wachstumsphase gemachte
Fehler später schädlich auswirken können. Tragende und säugende Hündinnen haben einen anderen Bedarf als „normale"
Hunde. Bei erwachsenen Hunden wird eine ausgewogene Ernährung auch über mehrere Wochen erreicht. Es reicht, wenn
der Hund über die Woche hinweg alle Nährstoffe im richtigen
Verhältnis bekommt. Bei bestimmten Erkrankungen kann dies jedoch anders aussehen, und der Hund sollte in diesem Fall ebenfalls entsprechend gefüttert werden. Der erwachsene, gesunde
und durchschnittlich beanspruchte Hund sollte 2-3 % seines Körpergewichts als Futtermenge bekommen – bei wachsenden,
kranken, stark beanspruchten, säugenden und tragenden oder
alten Hunden kann der Energiebedarf sowie der individuelle Bedarf an Nährstoffen allerdings stark variieren.

**Beispiele für das Vorkommen bestimmter Nährstoffe
(ohne Anspruch auf Vollständigkeit)**

Vitamin A	Leber, Lebertran, Möhren, Löwenzahn
Vitamin D	Bestimmte Fische wie Forelle, Lachs, Lammherz, Dorschlebertran (enthält auch viel Vitamin A – nicht überdosieren), Milchprodukte
Vitamin E	Vitamin-E-Tropfen, Weizenkeimöl
Vitamin B	Bierhefe, Leber, Lebertran

Phosphor	Knochen, Knochenmehl
Calcium	Eierschale, Knochen, Knochenmehl, Milchprodukte, Algenkalk, Calciumcitrat, Calciumcarbonat
Natrium und Chlor	Salz, Blut, Blutmehlpulver
Magnesium	Brennessel (getrocknet und gehackt)
Eisen	Fleisch (rotes Fleisch enthält mehr Eisen als helles), Blut, Blutmehlpulver (z.B. Fortain), synthetische Eisenpräparate wie Tropfen oder Tabletten, Innereien (z.B. Leber), Rote Beete
Jod	Jodhaltiger Seefisch, Seealgenmehl
Taurin	Können Hunde selbst bilden, ist ansonsten in rohem (!) Fleisch und vor allem Herz enthalten; außerdem in Grünlippmuschel
Ungesättigte Fettsäuren	Lachsöl, Leinöl (Omega-3-Fettsäuren), Nachtkerzenöl (Omega-6-Fettsäuren, Gamma-Linolinsäure)

Als **Leckerli** eignen sich getrocknete Schweinsohren, Lamm-, Rinder- und Kaninchenohren (getrocknet oder frisch), Rinder-/ Büffelhautknochen, Hühnerfüßchen (getrocknet oder frisch), Käse je nach Vorlieben und Verträglichkeit, Dörrfleisch/ Trockenfleisch, Trockenfisch, Karottenstückchen, Apfelstückchen, in Maßen Wiener. Leberwurst und Frischkäse eignen sich, um darin ungeliebte Medikamente zu verstecken. Für **Allergiker** gibt es im Fachhandel auch „exotische Fleischsorten". So werden reine Fleischdosen mit Lamm-, Pferde-, Hirsch- oder Straußenfleisch (mit oder ohne Gemüse), sowie Kauknochen aus Pferde- oder

Lammhaut, getrocknete Lammohren usw angeboten. Man kann Allergiker aber auch sehr gut barfen (Allergien können auch gegen die exotischeren Fleischsorten gerichtet sein und der Hund kann dafür „klassisches" Fleisch vertragen). Allergien / Futtermittelunverträglichkeiten können sich gegen einzelne Bestandteile im Futter richten. Hunde reagieren oft mit unangenehmem Geruch, Verdauungs-, Haut-, Fell- und anderen Problemen. Hunde können auf alles Mögliche allergisch reagieren: Eiweiße, Fette, Zucker, Gemüse, Obst, Getreide usw. Bei sehr starken Unverträglichkeiten reichen schon Spuren bestimmter Futterbestandteile aus, und die Hunde reagieren darauf sehr heftig mit Übelkeit, Erbrechen, Durchfall, Hautproblemen, Haarausfall, Schuppenbildung usw. Gestank, Fell- und Hautprobleme sowie Verdauungsprobleme sind die häufigsten Folgen bei der Fütterung unbekömmlicher Futterkomponenten. Man sollte mit einer Ausschlussdiät beginnen. Der Hund bekommt vier Wochen nur eine einzige Fleischsorte. Bekommt ihm diese gut, mischt man einen anderen Futterbestandteil unter, bestimmte Fette und Getreide, Gemüse oder Obst, z.B. Lachsöl, Karotten und Dinkelflocken. Es wird immer nur eine Komponente zugefügt und abgewartet, ob dem Hund das Futter weiterhin gut bekommt. Ist alles in Ordnung, kann die nächste Komponente zugefügt werden. Wer unsicher ist, kann einen Tierarzt, Tierheilpraktiker oder Tierernährungsberater zu Rate ziehen. Allerdings hält das ein Hund schon einmal einige Wochen aus, ohne gleich einen Nährstoffmangel zu bekommen. Ernähren sich wilde Wölfe jeden Tag perfekt? Nein, tun sie nicht! Sie sie deshalb ausgestorben? Auch das muss man verneinen.

Krebs-, Zahn-, Nieren-, Blasen- und andere Leiden werden oft fälschlicherweise auf das Alter geschoben. Jedenfalls sollte man bei einer Ausschlussdiät für Allergiker möglichst auf Komponenten zurückgreifen, die der Hund noch nie oder nur selten gefressen hat. Dann ist die Gefahr einer Unverträglichkeit nicht so groß. Man sollte beim BARFen ganz bewusst 1-2 Fleischsorten, bestimmte Fette, Obst nie füttern, um im Falle von Unverträglichkeiten noch Ausweichmöglichkeiten zu haben. Futtermittelunverträglichkeiten haben ihren Ursprung nicht selten in Industriefutter. Falsch zusammen gestellte BARF-Mahlzeiten sind dauerhaft gegeben aber ebenfalls ungeeignet. BARFen ist keine Hexerei, trotzdem sollte man einige gute Bücher zum Thema lesen. Im Falle von Unsicherheit oder Krankheiten sollte man sich zusätzlich an einen Tierheilpraktiker oder Tierarzt wenden. Internetforennutzer sind meist Laien; dennoch kann man hier manch viele ausgezeichnete Tips bekommen oder Erfahrungen austauschen. Einige Tierärzte bieten speziell auf den einzelnen Hund zugeschnittene BARF-Berechnungen sowie BARF-Beratungen an. Die Qualität solcher Berechnungen und Beratungen kann sehr ist sehr von einander abweichen. Auch hier gibt es schwarze Schafe unter den Anbietern.

Für Hunde mit Knochen- und Gelenkserkrankungen, aber auch Krebs, Nierenleiden, Blasenleiden, Diabetes u.a. Erkrankungen ist BARF eine ausgezeichnete Fütterungsform. Lachsöl wirkt entzündungshemmend. Getreide sollte vermieden werden. Geflügel, Kaninchen und Fisch sind gut geeignet, aber auch andere Fleischsorten wie Rind oder Lamm. Ein wenig geraspeltes Gemüse sollte im Futter sein, aber kein Getreide. Grünlippmuschel o.ä. Präparate können unterstützend bei Gelenkleiden eingesetzt werden. Als Leckerli sind auch hier Trockenfleisch, Trockenfisch, getrocknete Innereien u.ä. geeignet. Zuviel Innereien können von Nachteil sein. Ab und zu in kleinen Mengen gefüttert, sind Innereien aber durchaus in Ordnung. Bei Erkrankungen kann man ganz gezielt barfen. Man kann ungeeignete Futterkomponenten weglassen, und verträgliche und lindernde/ heilende Futtermittel zufügen. BARF ist sicher kein Allheilmittel, kann aber in vielen Fällen Linderung und Besserung verschaffen, in einigen Fällen sicher auch zur Heilung beitragen.

Dieses Kapitel versteht sich nur als eine kleine Einführung in das Thema (Roh-) Fütterung. Wem das BARFen zu umständlich erscheint, kann immer noch ein gutes (!) Dosenfutter wählen. Wer seinem Weißen Schweizer Schäferhund gerne frische Lebensmittel füttern möchte, aber sich das komplette BARFen nicht zutraut, kann auch ein gutes Alleindosenfutter (z.B. von Animonda Carno™, Lukullus™, Macs™, Rinti™) als Hauptmahlzeit geben und kleine Mengen rohes Frischfleisch/ Innereien/ Fisch zugeben, wie z.B. Hühnchenbrust, Rindersuppenfleisch, Hühnerherzen, Kaninchenkeulen, Rinder-, Hühner- und Entenleber, Thunfisch, Fischfilet (z.B. Lachs), Rinderbeinscheiben usw. Auch die Fütterung halb-halb ist möglich. Ich hoffe dennoch, den Leser für die Rohfütterung begeistert zu haben. Die meisten Hunde lieben ihre BARF-Mahlzeiten und sitzen geifernd und mit glänzenden Augen daneben, wenn ihr Futter zubereitet wird. Wenn das kein Anstoß ist… Mal ganz abgesehen davon, dass (richtig) gebarfte Hunde meistens weder stinken noch von Zahnstein oder anderen unschönen Dingen geplagt sind. Selbstverständlich kann auch ein perfekt ernährtes Tier einmal krank werden oder Zahnleiden bekommen. Die Wahrscheinlichkeit ist jedoch wesentlich geringer, zumal dauerhaft falsche Ernährung auch die Abwehrkräfte immens schwächt. Letztlich muss der Hundehalter selbst entscheiden, was für ihn und seinen Hund die richtige Methode ist. Ist es BARF, ist das das Allerbeste. Ist es ein gutes Nassfutter, ist das auch in Ordnung. Ist es eine Kombination aus beidem, hat man einen guten Kompromiss geschlossen. Auch Selbstgekochtes ist in manchen Fällen sinnvoll. Die meisten Trockenfutter und auch nicht wenige Nassfutter sind minderwertig. Wer also ein Fertigfutter wählen möchte, sollte sich im Zoofachgeschäft (auch im Internetversandhandel) die Zutatenliste genau ansehen. Zuhause am heimischen PC hat man dabei natürlich die dazu erforderliche Ruhe. Einige gute Alternativen sind durchaus dabei. Ein gutes Nassfutter kann etwa folgendermaßen zusammengesetzt sein: 65 % Lamm (davon 10 % Lunge, 10 % Herz, 5 % Leber, 10 % Pansen, 65 % Muskelfleisch), 25 % Gemüse (10 % Karotten, 15 % Kürbis), 5 % Hafer, 3 % Lachsöl, 2 %

Calciumcarbonat. Es besteht aus rund 80 % Feuchtigkeit. Es gibt auch Nassfutter, die aus überwiegend Innereien bestehen. Sie eignen sich ganz gut, um reine Fleischmahlzeiten zu ergänzen, also Mahlzeiten, die komplett aus Muskelfleisch bestehen. Bei solchen Futtern sollte noch ein wenig Obst / Gemüse ergänzt werden. Oder der Hund bekommt dieses als Leckerli zwischendurch. Ob man hier noch eine Calcium-/ Phosphorquelle (z.B. Knochen, Knochenmehl, Calciumcarbonat) zusetzen muss, hängt davon ab, ob und wieviel davon im Fertigfutter schon enthalten ist. Allgemein rechnet man beim erwachsenen, gesunden Hund rund 10 % Knochen. Die Tips und Rezepte sind natürlich variabel und können individuell an jeden Hund angepasst werden.

Grunderziehung

Weiße Schweizer Schäferhunde sind sehr sensibel, leichtführig und leicht erziehbar. Sie müssen früh und sorgfältig auf Menschen, Hunde, andere Tiere und ihre Umwelt **sozialisiert** werden. Man muss den Schäferhund konsequent, aber liebevoll und gerecht behandeln. Weiße Schweizer Schäferhunde sind ausgezeichnete Familienhunde, wenn man in der Lage ist, sie artgerecht zu halten, zu erziehen und zu führen. Sie blühen in der Familie richtig auf, sind aber genauso mit einem Leben bei einem Paar oder Single zufrieden, sofern ihre Bedürfnisse nicht zu kurz kommen (schließlich kann man die Aufgaben in einer Familie verteilen!). Der Weiße Schweizer Schäferhunde muss auch das Alleinebleiben lernen, man muss ja schließlich auch zur Arbeit, um seinen Lebensunterhalt und den des Hundes zu finanzieren. Der Schäferhund muss dafür gut erzogen und ausgelastet werden. Alternativ kann man sich nach einer guten Hundetagesstätte oder einem privaten Hundesitter umsehen, wo man den Schäferhund regelmäßig einige Stunden lassen kann. In einigen Fällen kann man seinen Hund auch täglich mit zur Arbeit nehmen, aber das hängt natürlich vom Umfeld ab. Eine **Hunde-schule** braucht man nicht für die Hundeerziehung. Dennoch kann der regelmäßige Besuch einer guten Hundeschule sinnvoll sein – es hängt von den Vorlieben von Herr und Hund und dem Umständen ab. Der sensible Weiße Schweizer Schäferhund er-trägt eine grobe Behandlung schlecht. Ein guter Trainer sollte ruhig und konsequent mit seinem eigenen Hund umgehen. Kein Hund wird zu etwas gezwungen. Braucht ein Hund Zeit, wird ihm diese gegeben. Auch Stachelhalsbänder haben nichts in der Hundeerziehung verloren. Der Trainer sollte viel theoretisches Wissen vermitteln. Fehler der Mensch-Hund-Teams sollten ruhig und fair angesprochen und korrigiert werden. Ein guter Trainer sollte den Hundehalter auch bezüglich weiterführender Prüfun-gen und Hundesport beraten und Fragen der Teilnehmer sach-kundig antworten können. Viele Hundeplätze haben inzwischen Videoanalysen eingeführt. Nach dem Training werden diese ge-meinsam mit den Teilnehmern ausgewertet. Man bekommt dann ggfs. Tips, was man besser machen könnte. Der Trainer sollte eingreifen, wenn ein Hund von anderen Hunden zu sehr gepiesackt oder von seinem Besitzer misshandelt wird. Es sollten keine Vorurteile gegenüber bestimmten Rassen herrschen. Man sollte auch nicht seinen Hund aus der Hand geben – es sei denn kurz zu Vorführungszwecken. Seriöse Hundeschulen bieten ne-ben Grunderziehungskursen auch Ausflüge in z.B. nahegele-gene Baumärkte an (wichtig für die Sozialisierung), Welpen-, Junghund- und „Erwachsenenkurse", meistens auch Training für verschiedene Prüfungen und Hundesportarten (Fährte, Agility, Flyball, Schutzdienst, Mantrailing o.ä.). Der Trainer sollte auch theoretische Grundlagen vermitteln. Viele Hundeschulen bieten „Schnupperstunden" an, dann merkt man schnell, ob man hier gut aufgehoben ist. Für die Teilnahme an Prüfungen und Kursen sind gewisse Gebühren zu entrichten. Eine „Schnupperstunde" wird häufig kostenlos oder vergünstigt angeboten. Der Trainer sollte darauf Rücksicht nehmen, dass sich Rassen anatomisch und auch charakterlich unterscheiden. Nicht jeder Hund hat Freude an Unterordnungsübungen oder an einem Agilityparcours. Sogar die Nasenarbeit, die die natürlichste Veranlagung des Hundes fordert und fördert, eignet sich für manche Hunde kaum (z.B. für extrem kurznasige Hunde). Der Weiße Schweizer Schäferhund ist meist überaus sensibel und verträgt Härte im Umgang und der Erziehung nicht (wie zahlreiche andere Hunderassen übrigens auch nicht). Fühlt man sich auf einem Platz unwohl, oder ist ein Trainer der Meinung ist, man müsse den Schäferhund (oder auch einen anderen teilnehmenden Hund) mit Starkzwang dazu bringen, Dinge zu tun, die ihm missfallen, sollte man umgehend den Platz verlassen (und bei Tierquälerei

ggfs rechtliche Schritte einleiten). Man darf nicht glauben, dass es reicht, mit dem Hund 1-2 wöchentlich auf den Platz zu gehen, und dann sei er perfekt erzogen. Die Erziehung findet zu Hause und unterwegs statt – überall da, wo man sich mit dem Hund aufhält. Die Hundeschule ist ein Ort des Austauschs mit Gleichgesinnten, an dem der Hund Kontakte zu anderen Hunden knüpfen kann, wo man sich Anregungen und Tips holen und eventuell auch in weiteren Hundesport einsteigen kann. Für die Grunderziehung ist eine Hundeschule sinnvoll, jedoch nicht notwendig. Neben den Hundeschulen verfügen auch viele Ortsgruppen von Hundesport- und Rassehundezuchtvereinen über Trainingsplätze.

Auch für den Weißen Schweizer Schäferhund sind einige Dinge grundlegend in der Erziehung. Er muss mit Sachverstand und Feingefühl erzogen und ausgebildet werden. Der Weiße ist leichtführig und leicht erziehbar, wenn man sein sensibles Wesen zu handhaben weiß. Harter Drill zerstört nur sein bezauberndes und anhängliches Wesen. Von enormer Bedeutung ist eine optimale Prägung bzw Sozialisierung, die bereits beim Züchter beginnt. Zudem muss der Welpe Vertrauen zu seinen Menschen aufbauen, Verbote und Gebote akzeptieren und seinen Platz in der Familie kennen. Eine gute Leinenführigkeit sollte obligatorisch sein, denn ein ständig zerrender 40-kg-Schäferhund kann ganz schön Kraft und Nerven kosten. Der Weiße Schweizer Schäferhund muss sich unbedingt in seiner Umwelt zurechtfinden und optimal auf Mensch, Tier und sonstige Gegebenheiten sozialisiert sein. Auch einige Grundsignale muss er sicher befolgen, Sitz, Platz, Steh, Bei Fuß, Nein und Aus sollten das Mindestmaß sein. Man kann die Signale auch anders benennen.

Sitz – Sofortiges Hinsetzen

Platz – Sofortiges Hinlegen

Steh – Regungsloses Stehenbleiben

Bei Fuß – Laufen in der Gangart des Hundeführers an der rechten und linken Beinseite (Leinenführig – angeleint, Freifolge – unangeleint)

Aus – Sofortiges Loslassen/ Fallenlassen eines Gegenstandes

Nein - Abbruch der eben begonnenen Aktion

Ich kann in diesem Buch nicht alle Erziehungsfragen klären und empfehle entsprechende Literatur (siehe auch Literaturanhang).

Grundsätzlich unterscheidet man grob zwei Erziehungsmethoden:

Erziehung durch Motivation: Der Hund lernt zu gehorchen und erwünschte Verhaltensweisen öfter zu zeigen, indem er dafür positiv bestärkt wird. Beispiel: der Hund bekommt das Signal „Sitz" und setzt sich. Im selben Moment bekommt er jede Menge Lob und ein Leckerli, ein Spielzeug oder ein Kraulen. Der Hund wird das erwünschte Verhalten öfter zeigen, weil die Folgen für ihn angenehm sind. Es gibt auch selbstbelohnendes Verhalten. Z.B. das Jagen. Schon das Jagen an sich bereitet dem Hund Freude, egal ob er das Tier erwischt oder nicht (obwohl dies das Verhalten sicher verstärken würde). Selbstbelohnendes Verhalten, das unerwünscht ist, sollte deshalb möglichst unterbunden werden, da man kaum Korrekturmöglichkeiten hat. Man keinen Hund nicht später tadeln, wenn er vor einigen Minuten etwas falsch gemacht hat. Ein Hund verknüpft die Reaktion seines Menschen immer mit seiner gegenwärtigen bzw zuletzt ausgeführten Tätigkeit (ist die Aktion allerdings schon zu lange her, kann der Hund Aktion und Reaktion nicht mehr richtig in Verbindung bringen). Wenn der Hund nun ungehorsam ist, z.B. eine Katze jagt (was er natürlich nicht darf) und kommt danach zu seinem Menschen, kann er dafür nicht zurecht gewiesen werden. Er würde den „Rüffel" mit dem Zurückkommen verbinden, nicht mit der seinem Menschen missfallenden Aktion. Die richtige Reaktion wäre Loben, wer das nicht schafft, weil die Nerven blank liegen, sollte gar nicht reagieren, aber auf keinen Fall strafen oder tadeln! Der Hund sollte allgemein überwiegend mit Motivation bzw positiver Verstärkung (= etwas für den Hund Angenehmes wird hinzugefügt, z.B. kann er bei Suchspielen begehrte Leckerli finden) erzogen bzw ausgebildet werden. In manchen Situationen ist es aber nicht zu vermeiden, dass der Hund auch durch unangenehme Verknüpfungen lernt. Es sollte aber immer eindeutig sein und der Hund nichts falsch verknüpfen.

Erziehung durch unangenehme Verknüpfungen: Der Hund lernt, unangenehme Empfindungen mit unerwünschtem Verhalten zu verknüpfen. Der Mensch sollte sich dabei nicht in unmittelbarer Nähe befinden (soweit dies möglich ist). Beispiel: der Hund räumt den Mülleimer aus. Der Mensch hat natürlich kein Verlangen, dauernd den stinkenden Müll in der Auffahrt vor dem Haus oder innerhalb des Hauses zusammenzusammeln. Also versteckt man einige gespannte Mausefallen im Müll. Wühlt der Hund darin, schnappen die Fallen zu. Der Hund verletzt sich dabei nicht, aber das Zuschnappen ist äußerst unangenehm. Der Hund wird den Mülleimer nun in Ruhe lassen (ein dickköpfigeres Exemplar benötigt vielleicht mehr als ein solches Erlebnis).

Der Hund sollte lernen, ein Alternativverhalten zu zeigen. Er weiß zwar irgendwann, was er nicht tun soll, aber wie soll er denn nun richtig reagieren? Möchte man nicht vom Hund angesprungen werden, geht man schnell einige Schritte zurück, wenn der Hund Anstalten macht zu springen. Der Hund verletzt sich dabei nicht, er plumpst nur auf den Boden, weil er nichts mehr hat, wo er seine Pfoten drauf stellen kann. Möglicherweise setzt er sich von selbst oder er bekommt andernfalls das Signal. Sitzt er, sofort ausgiebig bestätigen. Mit der Zeit wird er sich von selbst hinsetzen, wenn er geliebte Menschen sieht. Er lernt sehr schnell, dass es für ihn angenehmere Folgen hat, sich zu setzen als seine Menschen anzuspringen. Reagiert er richtig, ein schönes Leckerli geben und kräftig loben! Alternativverhalten sind auch anderweitig oft von Nutzen. Ich möchte hier kurz auf **Lob und Tadel bzw ein Abbruchsignal** eingehen. Ein Lob sollte kurz und freundlich klingen und mit freundlicher, heller Stimme gegeben werden.

Man kann z.B. „Gut", „Brav", „Top" oder ein ähnliches Wort wählen. Gleichzeitig mit dem freundlich und positiv gesprochenen Lob bekommt der Hund ein besonderes, kleines Leckerli, das er sehr gerne mag und das schnell gefressen ist, um ihn nicht vom Training abzulenken (z.B. Käsewürfelchen, Trockenfleischstückchen). Als Abbruch- oder Korrektursignal kann man z.B. „Nein", „No", „Pfui" o.ä. wählen. Wie lernt der Hund das Signal „Nein"? Das ist recht einfach. Man nimmt in jede Hand ein besonderes Leckerli. Die eine Hand hält man von Anfang an geschlossen. Die andere Hand hält man genau daneben, aber gleichzeitig dem Hund vor die Nase und präsentiert das Leckerli darauf offen. Wendet sich der Hund nun mit der Nase der offenen Hand zu, kommt das Signal „Nein" und die Hand schließt sich. Sobald sich der Hund der anderen Hand zuwendet, öffnet sich diese und der Hund bekommt das Leckerli. Der Hund soll lernen: „Wenn das Signal ‚Nein' ertönt, versuch's nicht weiter, sondern denk' dir eine andere Strategie aus." Der Hund bekommt das Leckerli, sobald er sich auf das Signal „Nein" von der einen Hand ab- und der anderen Hand zuwendet. Wie viele Wiederholungen der Hund braucht, ist unterschiedlich. Normalerweise brauchen Hunde für jedes Signal mehrere bis viele Wiederholungen. Dann sind die Signale fest im Gedächtnis verankert. Man sollte immer wieder ein bestimmtes Signal trainieren. Wenn es wirklich „sitzt", wird es nur noch gelegentlich trainiert, damit es nicht in Vergessenheit gerät. Jedoch sollte der Hund die Signale aber befolgen, wenn sie im Alltag, beim Training oder bei Prüfungen verlangt werden.

Man sollte beim Training immer mal **variieren,** damit es nicht zu eintönig für Herr & Hund wird. Bei der Nasenarbeit kann man z.B. an verschiedenen Orten trainieren (im Haus, im Garten, auf verschiedenen Spazierwegen...). Der Hund kann an einem Tag eine Futterfährte mit Futterbrocken (auch hier kann man variieren: getrocknete Entenherzen, Trockenfleisch, Käse, Wienerscheiben...) ausarbeiten. Beim nächsten Mal kann der Schäferhund eine Schleppfährte mit Schweine- oder Rinderohren, dann wieder eine Tropffährte mit Würstchenwasser (und einer Wurst am Ende) ausarbeiten, oder man macht zwischendurch mal etwas ganz anderes mit dem Schäferhund: Radfahren, Reitbegleitung, Schlittenziehen, Agility, Wanderungen mit Packtaschentragen... Je nachdem. Selbstverständlich muss man nicht alle Sportarten durchprobieren, aber etwas finden, das Herr (Frau) & Hund liegt und realisierbar ist. Im Fachhandel gibt es gute Bücher über Ausbildung, Beschäftigung und Hundesport in Hülle und Fülle. Wenn man etwas gefunden hat, sollte man sich spezialisierte Literatur zulegen und dann einiges ausprobieren. Je nachdem, für welche Sparte man sich interessiert, sollte man sich auch bei einem Hundesportverein beraten lassen und sich das Training vor Ort ansehen. Der Hund lässt einen durch sein Verhalten schnell erkennen, ob er Freude am Training hat oder ob man etwas ändern sollte.

Spielgruppen werden überwiegend für Welpen und Junghunde (8-16 Wochen), hier und da auch für ältere bzw erwachsene Hunde angeboten. Die Welpen spielen hier hauptsächlich miteinander, was ihrer Sozialisierung und Entwicklung sehr zuträglich ist. Mitunter werden kleinere Ausflüge in nahegelegene Baumärkte ect angeboten, was ebenfalls wichtig für die Sozialisierung ist. Im Wesentlichen geht es aber darum, die Welpen auf andere Welpen zu sozialisieren. Der Welpe lernt, dass es Welpen gibt, die anders aussehen und sich anders benehmen als er. Zurückhaltende Welpen lernen Selbstvertrauen, aufmüpfige lernen, dass auch andere manchmal stärker sind. Eine „echte" Rangordnung bildet sich dabei allerdings nicht heraus. Diese wäre vorhanden, wenn die Hunde immer zusammen leben würden. Bei Spielgruppen sehen sich die Welpen zwar regelmäßig, aber sie leben nicht in einem „Rudel" zusammen. Dennoch gibt es hier unterschiedliche „Ränge". Manche Welpen setzen sich durch, andere nicht. Auch lernen die Welpen hier andere Menschen kennen. Trainer von Welpenspielgruppen sollten auch Wasserbecken, mit Bällen gefüllte Becken, Flatterbänder, knisternde Folien, verschiedene Untergründe (z.B. Rasen, Steine, Folie, Holz usw) anbieten, damit die Welpen das als ganz normal einstufen – auch der Züchter sollte mit derartigem Training bereits vor Abgabe der Welpe begonnen haben, und auch der Hundehalter sollte für derartige „Begegnungen" sorgen. Manchmal bieten die Trainer bei Welpenspielgruppen auch kleine Gehorsamsübungen an, vorrangig sind aber die Sozialisierung und das Welpenspiel. Auch werden Welpen manchmal ganz vorsichtig an verschiedene Hindernisse wie z.B. Slalomstangen, Stege ect herangeführt, oder es werden erste kleine Fährten geübt (aber nicht übertreiben! Alles in für Welpen angepassten Maßen! Zuviel könnte etwa dem Bewegungsapparat schaden. Später ist immer noch Zeit dafür.). Die Sozialisierung ist sehr wichtig für den Welpen. Welpensielgruppen können hier einen positiven Beitrag leisten. Manche Trainer „bespaßen" die Welpen stundenlang und pausenlos mit möglichst vielen Umwelteinflüssen. Natürlich sind Umweltreize und andere Hunde (und Menschen) sehr wichtig für den Welpen. Aber man sollte nicht übertreiben. Eine geballte Reizüberflutung ist genauso ungünstig wie zu wenige Anregungen. Das Gehirn eines Welpen, das sich noch in der Entwicklung befindet, kann zuviele Reize auf einmal nur schlecht verarbeiten. Am Anfang sollte man den Welpen also vorsichtig an Umweltreize heranführen und diese Sozialisierungsausflüge nach und nach ausweiten. Eine halbe Stunde reicht für den Anfang (vielleicht zuerst auch nur eine Viertelstunde), später auch eine ganze Stunde Spielen. Vier Stunden am Stück sind aber etwas viel des Guten. Auch für erwachsene Hunde gibt es Spielgruppen. Sie sind praktisch für schlecht sozialisierte Hunde oder solche mit Verhaltensauffälligkeiten, aber sinnvoll für gut sozialisierte Hunde. Solche Spielgruppen sind auch eine gute Alternative für Hundehalter, die auf den Spaziergängen keine geeigneten Spielpartner für den Hund antreffen oder deren Hunde keinen Freilauf genießen können. Hunde- bzw Welpenspielgruppen werden meistens von Hundetrainern, Hundeschulen, Hundepsychologen, Hundevereinen und manchmal auch von Tierärzten angeboten. In Spielgruppen kann man auch Erziehungstips bekommen, vorrangig ist aber das Spielen. Natürlich sollten die Hunde geimpft und gesund sein. Vorteilhaft sind Welpenspielgruppen mit 4-6 Welpen. Außerdem sollten einzelne Welpen nicht von den anderen tyrannisiert werden. Sicher muss ein Welpe lernen, sich durchzusetzen, aber ein Welpe, der ständig von anderen untergebuttert wird, kann sich zu einem Problemfall entwickeln. Zu aufmüpfige Welpen sollten eventuell (zeitweise) in eine Spielgruppe mit erwachsenen Hunden gegeben werden. Hier zeigen ihnen die „Großen" nach Hundeart ihre Grenzen. Man sollte auch genau beobachten, wie der Trainer mit den Hunden umgeht - konsequent, bestimmt, aber freundlich und fair. Schreien, Schlagen, grobe Behandlung und ähnliches sind abzulehnen. Nicht selten werden auf diese Art Hunde für alle Zeit verdorben. Der Trainer sollte auch eingreifen, wenn ein Welpe gemobbt wird.

Den Grundstein für **Prägung bzw Sozialisierung** legt der Züchter, der mit den Welpen spricht, sie streichelt und auf den Arm nimmt, um ihnen beizubringen, dass der Mensch ein toller Sozialpartner ist. Die Sozialisierungsphase findet je nach Auslegung zwischen der 8. und 16. Lebenswoche statt, davor befindet sich der Welpe in der Prägephase. Artgerecht aufgezogene Welpen wachsen in Haus und Garten auf. Im Haus lernen sie Haushaltgeschehen wie Staubsauger, Waschmaschine, Telefon- und Türglockenläuten, Besucher, eventuelle andere Hunde des Züchters usw kennen. Alles was der Welpe nicht rechtzeitig kennenlernt, stuft er als Bedrohung ein. Lernt er früh, mit unbekannten Umwelteinflüssen normal umzugehen, kommt er später mit Unbekanntem ebenfalls gut zurecht, eventuell weicht er kurz zurück, untersucht „das Ding" dann aber neugierig. Es darf sich keinesfalls Angst oder Scheu zeigen. Die Resozialisierung von ängstlichen oder anderweitig verhaltensauffälligen Hunden ist ein eigenes Thema und kann in diesem Buch nicht weiter erörtert werden. Natürlich muss der Besitzer die Sozialisierung fortführen. Der Welpe soll im Auto mitfahren, eventuell auch in Bus und

Bahn. Man kann Einkaufszentren mit ihm besuchen, Hunderennen (als Zuschauer), man sollte ihm fahrende Autos zeigen, auf dem Land Rinder, Pferde, Traktoren. Der Züchter sollte damit

schon teilweise beginnen. Welpen beginnen ab einem Alter von ca. 10-12 Wochen, ihren Menschen als Leittier zu akzeptieren. Der Welpe muss Menschen jeden Alters und Geschlechts als etwas Positives kennenlernen. Er muss andere Hunde kennen lernen und wenn möglich auch mit ihnen spielen. Man sollte jedoch nicht in die Unsitte verfallen, den Welpen einfach auf jeden anderen Hund zu rennen zu lassen. Zuerst sollte man mit dem anderen Hundehalter abklären, ob dieser auch nichts dagegen hat. Keine Einwände? Prima. Die meisten erwachsenen Hunde reagieren freundlich bis neutral auf Welpen. Aber es gibt auch erwachsene Hunde, die von Welpen genervt sind. Es kommt durchaus mitunter vor, dass Welpen von erwachsenen Hunden angegriffen werden, und der angreifende, erwachsene Hund ist deshalb nicht unbedingt verhaltensgestört! Auch wilde Wölfe und andere Caniden greifen manchmal fremde Welpen an, wenn sie darin eine Konkurrenz für den eigenen Nachwuchs sehen. Es kommt auch vor, dass erwachsene Wölfe fremde Welpen töten. Dies ist keine Verhaltensstörung! Der Welpe muss nach und nach viele Menschen jeden Alters und Geschlechts kennenlernen. Man kann ihn zu Badeseen mitnehmen und ihn vorsichtig mit Wasser vertraut machen. Der Welpe sollte anfangs nur in ganz flaches Wasser gehen. Einige Leckerli, das Lieblingsspielzeug ins Wasser geworfen, können Wunder bewirken. Oder der Welpe sieht bei einem befreundeten Hund, dem er vertraut, dass es im Wasser schön und ungefährlich ist. Dabei sollte der Welpe zuerst nur in flaches Wasser gehen. Er darf erst den Grund unter den Pfoten verlieren, wenn er vor dem Wasser kein Unbehagen zeigt. Nahezu alle Hunde können schwimmen. Die meisten Weißen sind regelrechte Wasserratten. Aber manche mögen das kühle Nass überhaupt nicht. Dann kann man nur versuchen, den Hund mit Geduld und Vorsicht daran zu gewöhnen, ihn jedoch nicht ärgern oder mit Zwang dazu bringen, ins Wasser zu gehen. Manche Hunde springen in jeden Tümpel, aber wenn sie gebadet werden sollen oder das Wasser von oben kommt (Regen!), verschwinden sie unter dem Sofatisch!

Man kann mit dem Welpen Einkaufszentren besuchen, im Lift fahren (wenn vorhanden auch in einem gläsernen – aber keine Rolltreppen! Verletzungsgefahr der Pfoten!), ihn ins Restaurant oder Café mitnehmen, in eine belebte Einkaufspassage usw. Zweimal wöchentlich sollten solche Ausflüge ausreichen. Wenn der Hund Unsicherheiten zeigt, zeigt man ihm durch entspanntes Verhalten, dass es dazu keinen Grund gibt. Er darf nicht getadelt oder bemitleidet werden. Das führt zu noch mehr Unsicherheiten. Jede Überwindung vor Unsicherheit wird belohnt, aber nicht zu euphorisch, denn der Welpe soll lernen, dass das alles ganz normal ist. Der Welpe sollte anfangs angeleint sein, besonders an stark befahrenen Straßen oder in der Nähe größerer Menschenmengen. Ist er zu stark gestresst, z.B. in einem Einkaufszentrum, sollte man sich mit ihm in eine ruhige Ecke setzen, von der aus er alles in Ruhe beobachten kann. Wenn er dann nach einiger Zeit von sich aus wieder zum Geschehen drängt, gibt es ein Leckerli als Belohnung. Der Weiße Schweizer Schäferhund muss frühzeitig und sorgfältig auf Menschen jeden Alters und Geschlechts sozialisiert werden. Zuerst können das hin und wieder Besucher im eigenen Haus sein. Fremde Menschen (Besucher usw) können dem jungen Hund auch unter Aufsicht Leckerli geben oder mit ihm spielen, so dass der Junghund sie positiv verbindet. Man kann (muss nicht) Erziehungskurse für Welpen und Junghunde besuchen, die meistens im Alter von 5-6 Monaten abgeschlossen sind. Konsequenz und viel Lob sind wichtig. Einmal geltende Regeln sollten stets dieselben bleiben. Wie soll der Hund begreifen, dass er als erwachsenes Tier nicht mehr mit ins Bett darf, wenn seine Menschen das noch so niedlich fanden, als er noch ein Welpe war? Wie soll er verstehen, dass er bei einem Familienmitglied vom Tisch gefüttert wird, dass ein anderes ihn tadelt wenn er bettelt? Das Ergebnis könnte ein Misch-Masch sein: der Hund weiß dann genau, wo sich betteln lohnt und wo nicht. Man sollte einige gute Bücher zum Thema Erziehung, Ausbildung, Hundesport, Verhalten und Beschäftigung lesen. Im Fachhandel sind entsprechende Bücher in Hülle und Fülle erhältlich.

Bestimmte Beschäftigungen / Ausbildungen sind nur in Zusammenarbeit mit anderen möglich, z.B. Rettungshundearbeit, Mantrailing, klassische Fährten. Eigenfährten, Spielzeug- oder Futtersuchen beispielsweise kann man auch alleine mit dem Schäferhund trainieren. Man kann aber z.B. auch Agility-Geräte kaufen und im heimischen Garten aufstellen.

An dieser Stelle möchte ich kurz auf das wichtige Thema Vertrauen aufbauen bzw die Bindung aufbauen eingehen. Der Welpe muss lernen, dass er sich auf seinen Menschen verlassen kann. Man muss sich viel mit ihm beschäftigen, ihn kraulen, mit ihm spielen. Man sollte ihm zeigen, dass man ihn liebt, aber auch nicht zu sehr verwöhnen und ihm nichts erlauben, was der erwachsene Hund auch nicht tun darf. Bindungsspaziergänge sind wichtig. Man macht mit dem Welpen häufige, kleinere Spaziergänge, die auch der Versäuberung dienen. Dabei lernt der Welpe u.a., sich draußen zu lösen und nicht in der Wohnung. Man sollte den Welpen hin und wieder irgendwo unangeleint absetzen (in einer geeigneten, ruhigen Gegend und nicht unbedingt neben der Hauptverkehrsstraße) und sich dann schnell entfernen. Dabei beobachtet man genau seine Reaktionen. Wartet er, bis sein Mensch ihn wieder anholt? Setzt er sich nach einiger Zeit in Bewegung und folgt seinem Menschen? Oder kommt er sofort hinterher gerannt? Hinterherlaufen unbedingt bestätigen. Bleibt er sitzen, muss man noch an der Bindung arbeiten. Der Welpe soll lernen, dass sein Mensch die wichtigste Person in seinem Leben ist (bzw können das natürlich innerhalb einer Familie auch mehrere Personen sein). Wann immer der Welpe zu seinen Menschen herankommt, wird das ausgiebig belohnt. Aber bitte nicht bestrafen, wenn der Welpe erst einmal anderes im Sinn hat. Man sollte versuchen, sich für den Welpen interessant zu machen. Besondere Leckerchen, ein ganz tolles Spielzeug, ein Quietschtier, ein Schweinsohr…. Irgendwas, das der Welpe ganz toll findet und das er nur bekommt, wenn er sich mit seinem Menschen beschäftigt und bei ihm bleibt oder zumindest immer ganz schnell wieder zu ihm zurück kommt. Der Welpe sollte seinen Menschen natürlich mindestens genauso lieben wie das Motivationsobjekt! Man kann ihn damit locken, besser wäre es aber, wenn der Welpe von selbst zu uns kommt und dann sein Motivationsobjekt als Belohnung bekommt. Zeigt ein Welpe Unsicherheiten vor anderen Personen, Hunden, Autos oder dergleichen und versteckt sich hinter seinem Menschen oder quetscht sich zwischen dessen Füße, sollte man einfach ganz ruhig stehen bleiben und überhaupt nicht reagieren, bis der Welpe sich wieder hervor traut. Tadel wäre absolut überflüssig, Mitleid verstärkt unerwünschtes Verhalten nur noch mehr.

Den Welpen zur Seite schieben und weggehen käme einem Verrat gegenüber dem Welpen gleich. Geht es gar nicht anders, bricht man die Aktion für diesen Tag ab. Am nächsten Tag ist vielleicht alles wieder in Ordnung.

Der Weiße Schweizer Schäferhund baut eine sehr enge Bindung zu seinen Menschen auf. Manche Weiße sind sofort anhänglich und freundlich bei Fremden. Andere brauchen eine Weile, bis sie sich mit fremden Menschen anfreunden. Wenn man in den Urlaub fährt, sollte der Hund möglichst dabei sein (oder die Familie muss getrennt Urlaub machen, damit eine vertraute Person den Hund zu Hause versorgen kann). Nur im Notfall sollte man sich nach lieben „Pflegemenschen" für den Weißen Schweizer Schäferhund umsehen. Wenn es nicht anders geht, kann man ihn in eine gute (!) Tierpension geben, die man natürlich vorher mit ihm besuchen sollte. Der Hund muss sich dort geboren fühlen. Ähnliches gilt für eine HuTa. Die Gewöhnung an eine **Hundetagesstätte (HuTa)**, die durchaus sinnvoll ist, wenn der Hund sonst länger als 5 bis 6 Stunden alleine bleiben müsste, muss langsam und sorgfältig geschehen. Der Weiße soll sich ja schließlich dort wohlfühlen.

Der Welpe lernt seinem Menschen zu vertrauen, wenn man sich viel, konsequent und liebevoll mit ihm beschäftigt. Wenn der Welpe lernt, dass er sich auf seinen Menschen verlassen kann, ist das eine gute Grundlage. Der Welpe muss Verbote und Gebote akzeptieren, und diese müssen stets dieselben bleiben. Wie soll der Welpe verstehen, dass er heute, wo er frisch gebadet ist, auf das Sofa darf, morgen aber, wenn er gerade auf dem Acker herumgetobt oder im Misthaufen gewühlt hat, nicht mehr? Oder dass ein Familienmitglied ihn vom Tisch füttert, ein anderes ihn aber für das Betteln zurechtweist? (Obwohl einige Hunde durchaus lernen, bei wem sich Betteln lohnt und wo nicht…) In der Regel gilt: einmal erlaubt, immer erlaubt! Verbote und Gebote sollten – um die Nerven von Mensch und Hund zu schonen – stets dieselben bleiben.

Man muss sich ausreichend mit dem Hund jeder Altersstufe beschäftigen. Die Beschäftigung mit seinen Menschen sollte für den Hund liebevollen Kontakt zu seinen Menschen, aber ebenso artgerechte Auslastung bedeuten. Bei langsamer Gewöhnung, viel Kontakt zu seinen Menschen, guter Erziehung und ausreichend Auslauf und Beschäftigung bedeutet das **Alleinbleiben** normalerweise kein Problem. Am besten lässt man den Hund kurzzeitig (anfangs nur einige Minuten, später mit zunehmendem Alter des Hundes und ausreichender Gewöhnung 5-6 Stunden) alleine im Zimmer, wenn er gerade vom Spaziergang, Sport oder Spielen sehr müde ist. Man geht kurz aus dem Zimmer und kommt nach einigen Minuten wieder. Winseln, Jaulen, Kläffen usw werden nicht beachtet. Bleibt der Hund entspannt, während man vor der Tür steht, geht man nach wenigen Minuten wieder hinein und bestätigt ihn kurz, aber nicht zu sehr, denn das Alleinsein soll ganz normal für ihn werden. Der Hund merkt allerdings genau, dass jemand vor der Tür steht – er hört und riecht es! Man sollte deshalb aus der Ferne schauen, wie der Hund sich verhält. Man er Blödsinn (trotz artgerechter Auslastung) hilft nur eins: Kamera installieren, Hund alleine lassen und ab zum Nachbarn, sodass der Hund merkt, dass sein Mensch selbst aus der Ferne noch eingreifen und Blödsinn unterbinden kann. Auch hier kann eine „Zurechtweisung" aus heiterem Himmel erfolgen. Ein Büffelhautknochen o.ä. kann dem Hund das Alleinsein versüßen. Auch verschiedene Spielzeuge können hilfreich sein, etwa „Denkspielzeug", bei denen der Hund versuchen muss, Leckerli aus irgendwelchen Röhren, Vertiefungen, Löchern usw herauszubekommen, etwa Futterbälle, die eines oder mehrere kleine Löcher enthalten und mit Futter gefüllt werden können. Der Hund muss den Ball über den Boden rollen, um das Futter zu bekommen. Auch „Schnüffelteppiche", in denen man Leckerli verstecken kann, sind eine gute Alternative. Wenn der Hund müde auf seinem Platz liegt oder an seinem Knochen kaut, und man selbst sitzt ruhig irgendwo und trinkt z.B. eine Tasse Kaffee und liest Zeitung, ist das eine gute Grundlage. Gejaule und sonstiges unerwünschtes Verhalten werden ignoriert, erwünschtes kurz bestätigt, aber nicht so, als ob der der Hund gerade die Welt gerettet hätte, denn das Alleinsein soll ganz normal für ihn sein. Schließlich zieht man Jacke und Schuhe an, nimmt den Schlüssel und geht vor die Tür. Der muntere Hund wird aufmerksam sein. Steht ein Spaziergang an? Ideal ist es, wenn der Welpe schläft oder gerade mit einem Kauknochen, Spielzeug ect beschäftigt ist. So ist er abgelenkt und verbindet das Alleinsein auch gleich mit etwas Positivem, also z.B. dem Kauleckerli. Vor dem Alleinsein sollte man noch einmal mit dem Hund nach draußen, so dass er sich lösen und auspowern kann. Der Hund wird nicht bemitleidet, und man sollte kein großes Szenario – weder bei Weggehen, noch beim Heimkommen – veranstalten. Schließlich ist Alleinsein ein notwendiges Übel für den Hund. Möglicherweise verschläft der Hund das Alleinsein. Man kann den Hund kaum „korrigieren", wenn er – alleine gelassen – Unfug macht. Man kann nicht nach Hause kommen, was für den Hund immer positiv sein sollte, und ihn dann tadeln, weil er irgend etwas angestallt hat. Er würde den Rüffel mit der Rückkehr des Menschen verbinden. Man sollte alles wegräumen, was der Hund ruinieren könnte oder den Hund so im Haus unterbringen, dass er nichts anstellen kann. Beispielsweise kann man ihn stundenweise in seiner Box unterbringen, Türen zu Zimmern, die er nicht betreten soll, verschließen (am besten abschließen, denn die Weißen lernen das Türenöffnen recht schnell) der anderweitig absichern (z.B. mit Kleinkindergittern, die man in die Öffnung klemmt). Man sollte zumindest bei Welpen und Junghunden auch Treppen entsprechend absichern. Ein Kauleckerli (z.B. Ochsenziemer, Büffelhautknochen), sorgfältige Erziehung und genügend Auslastung (Spaziergänge, Nasenarbeit …) sollten dem Weißen über das Alleinbleiben hinweg helfen. Der Weiße wird dann ausgeglichen sein und nichts oder weniger anstellen. Der Weiße Schweizer Schäferhund verhält sich im Haus normalerweise ruhig. Man bemerkt den weißen Schatten kaum, abgesehen davon, dass er einem unauffällig, aber sicher überall hin folgt. Draußen dreht er dafür so richtig auf und muss unbedingt auf seine Kosten kommen. Eine ausgezeichnete Methode beim Alleinebleiben (aber auch für die Sauberkeitserziehung) ist die **Hundebox.** Sie kann verschlossen werden und ist der Rückzugsort des Hundes. Der Hund soll sie als etwas absolut Positives kennenlernen. Er muss sich darin hinlegen, austrecken, aufrecht stehen und sich um die eigene Achse drehen können. Eine Decke, ein Wassernapf und ein Kauleckerli sollten hineinpassen. Der Weiße Schweizer Schäferhund soll dort seine Ruhe haben und auch gerne dort hineingehen. Er sollte auch freiwillig und gerne dorthin gehen, wenn man ihn beim Alleinsein, nachts und aus anderen Gründen dort hinschickt. Der Weiße darf aber keinesfalls darin „vergessen" werden! Dann wird er gerne darin liegen. Anfangs wird die Box nicht geschlossen. Der Weiße darf sich nicht weggesperrt fühlen (am besten schon den Welpen daran gewöhnen und an das Wachstum denken!). Keinesfalls wird der Schäferhund zur Strafe eingesperrt! Die Box ist ein sicherer Rückzugsort, Schlafplatz, und bei Bedarf kann der Hund dort hingeschickt werden, wenn er aus irgendeinem Grund sich einmal nicht frei in der Wohnung bewegen soll. Boxen gibt in verschiedenen Ausführungen und Qualitäten im Handel, auch für das Auto. Sobald der Hund von alleine hineingeht und sich dort hinlegt, sollte man hin und wieder für eine kurze Zeit die Tür schließen. Die Box muss positiv besetzt sein! Fühlt der Hund sich in der Box wohl und ist er müde, wird er nachts und auch tagsüber einige Stunden ruhig darin verbringen. Die Box sollte nach vorne ein Gitter haben und ansonsten aus undurchsichtigen Wänden bestehen (andernfalls mit einer Decke verhängen), so dass der Hund keinen Rundumblick hat (das kann zu nervigem Kontrollverhalten, Bellen und Jaulen führen) und sich geborgen fühlt. Das Alleinsein wird schrittweise geübt und langsam ausgeweitet. Anfangs wenige Minuten, später bis zu fünf, sechs Stunden. Wer den Hund tagsüber einige Stunden alleine lassen muss (Berufstätigkeit ect), sollte bedenken, dass der Hund nach so vielen Stunden Alleinesein unbedingt seinen Spaziergang, seine artgerechte Auslastung und seine Kuschelrunden braucht! Auch, wenn der Hundehalter eigentlich nur noch nach einem nervigen Arbeitstag von einem Nickerchen auf dem Sofa träumt, das Wetter aber gerade alles andere als traumhaft ist. Gleich nach dem Heimkommen mit dem Hund rausgehen ist gut. Doch sollte man den Kreis auch hin und wieder unterbrechen und sich erst eine Viertelstunde nicht um den Hund kümmern, vielleicht einen Kaffee trinken, die Post oder Zeitung lesen, den Müll rausbringen, Staubsaugen oder ähnliches. Sonst wird er den sofortigen Spaziergang irgendwann einfordern. Normalerweise lernen Hunde das Alleinsein recht schnell. Doch müssen sie langsam daran gewöhnt werden, ihre Schmuse- und Kuschelrunden bekommen und für ausreichend Beschäftigung und Bewegung muss immer gesorgt sein. Unterforderte Hunde sind sehr erfinderisch.... Sie bellen und heulen, zerlegen Gegenstände, knabbern den Teppich an, räumen den Mülleimer aus, verpassen der Büchersammlung eine neue Ordnung.... Ein unterforderter Hund macht keinen Unsinn, weil er „böse" ist. Er will auch seine Menschen nicht ärgern. Er weiß nur nicht, was er sonst mit seiner Intelligenz und aufgestauten Energie anfangen soll.

Ein Welpe kann recht gut mit Katze, Kaninchen & Co. vertraut gemacht werden. Ggfs. sollte man die anderen Haustiere, wie z.B. Vögel, Kaninchen sicher in Volieren oder Räumen, zu denen der Hund keinen Zutritt hat, unterbringen. Weiße Schweizer Schäferhunde sind kinderlieb, wenn sie aus einer guten Zucht stammen und gut sozialisiert wurden, aber gerade kleine Kinder sind manchmal recht ungeschickt in der Behandlung des Hundes und das kann auch bei einem gutmütigen Tier irgendwann zu Abwehrreaktionen führen. Auf hündische Art könnte das Blessuren geben. Der Hund lässt sich von den eigenen Kindern meist recht viel gefallen (was man nie ausnutzen darf!), bei fremden Kindern kann die Geduldsschwelle schneller überschritten sein. Man sollte kleine Kinder nicht unbeaufsichtigt mit dem Weißen Schweizer Schäferhund alleine lassen. Ältere Kinder können je nach Reife Aufgaben übernehmen, die den Hund betreffen. Kleine Kinder können ebenfalls integriert werden, je nach Reife und Verantwortungsbewusstsein. Beispielsweise können kleinere Kinder immer dafür sorgen, dass der Hund stets frisches Wasser hat. Sie können auch bei der Fellpflege helfen. Dies hilft, Kinder zu einem selbstständigen Charakter heranzuziehen, und Kinder lernen, dass Hunde (Tiere) Gefühle und Bedürfnisse haben und auf die Fürsorge des Menschen angewiesen sind. Gerade bei kleinen Kindern darf man natürlich nicht erwarten, dass sie den Hund selbstständig und angemessen versorgen, aber sie können je nach Charakter und Entwicklung durchaus mit in die Hundebetreuung mit eingebunden werden.

Hundeverhalten auf einen Blick:

Spielverhalten: Der Hund fordert durch die Vorderkörpertiefstellung (Vorderkörper auf dem Boden, Hinterteil in der Luft) zum Spiel auf. Dabei kann er winseln, bellen oder knurren. Der Fang ist leicht geöffnet und die obere Lefze leicht hoch gezogen. Die Ohren sind abwechselnd nach vorne und nach hinten gerichtet. Der Partner wird nicht direkt angeschaut. An die Aufforderung kann sich ein Renn-, Beiß-, Zerrspiel ect anschließen. Der Schwanz wedelt aufgeregt hin und her.

Drohverhalten: richtet sich normalerweise gegen Mensch oder Tier. Bedroht der Hund Gegenstände, sollte man den Tierarzt aufsuchen. Möglicherweise ist der Hund schwerkrank… Beim Angriffsdrohen zeigt der Hund Elemente des Imponierens, wie z.B. steifer Gang, gebleckte Zähne. Der Schwanz ist steil in die Luft gestreckt (Achtung: kann auch wedeln! Besonders eine steif durchgestreckte, langsam wedelnde Rute bedeutet nichts Gutes!). Der Hund knurrt. Im Gegensatz zum Wolf enthält das Angriffsdrohen beim Hund oft Bisse. Eigentlich soll der Gegner durch Drohen eingeschüchtert werden, um den Kampf zu verhindern. Das wird durch Bisse hinfällig. Beim Abwehrdrohen zeigt der Unterlegene, dass er zwar bereit zum Rückzug, aber noch in Angriffsbereitschaft ist. Die Ohren sind angelegt. Die Maulwinkel werden bei gebleckten Zähnen nach hinten gezogen. Generell gilt: je weniger Zähne gezeigt werden, je runder und kürzer die Maulwinkel, desto selbstsicherer, angriffsbereiter und aggressiver ist ein Hund. Beim Abwehrdrohen „schwebt" der Hund zwischen Rückzugs- und Angriffsbereitschaft. Alle Droharten können von Knurren, Bellen und Schreien begleitet werden.

Imponieren: hierbei versucht der Hund seine Überlegenheit zu demonstrieren. Er versucht sich groß zu machen und sträubt die Rückenhaare. Die Gelenke werden ganz durchgestreckt. Der Hals wird gereckt, die Rute hoch getragen, die Ohren sind aufgestellt und nach vorne gerichtet. Können sich zwei Hunde nicht entscheiden, wer der Stärkere ist, kann sich aus dem Imponieren eine Rauferei entwickeln. Sowohl unter Rüden als auch unter Hündinnen können sich Kämpfe entwickeln, wobei letztere meistens aggressiver und gefährlicher sind. Es kommen auch Kämpfe vor, an denen eine Hündin und ein Rüde beteiligt sind. Weitere Imponiergesten sind das Über-die-Schnauze-Beißen und die T-Sequenz, bei der der überlegene Hund sich mit der Breitseite vor den anderen Hund stellt. Zum Imponieren gehört auch das Scharren nach dem Markieren (ein kleines Stückchen neben der Kot- oder Harnmarkierung scharrt der Hund mit den Krallen auf dem Boden. Damit schafft er auch eine weitere optische Markierung. Außerdem haben Hunde Duftdrüsen an den Pfoten und verteilen so weiteren Duft). Auch gegenseitiges Aufreiten kann beim Imponieren gezeigt werden.

Unterwerfung: Man unterscheidet aktive und passive Unterwerfung. Die aktive Unterwerfung, die beim Begrüßen gezeigt wird, ist eine Freundlichkeitsbezeugung eines Rangniedrigen gegenüber einem Ranghöheren. Der Rangniedere sucht Schnauzenkontakt zum Ranghöheren. Der tief gehaltene Schwanz wedelt dabei schnell. Die Maulwinkel werden zurückgezogen, die Ohren zurückgelegt. Auch Menschen gegenüber zeigen Hunde dieses Verhalten und versuchen dabei oft, die Hände zu lecken. Dieses Verhalten stammt aus der Welpenzeit und animiert die

Eltern, Futter hervorzuwürgen. Auch das Pföteln stammt aus dieser Zeit und hat seinen Ursprung beim Milchtritt. Welpen „treteln" an den Zitzen der Mutter, um den Milchfluss anzuregen. Hunde pföteln auch, wenn sie Zuneigung oder Futter erbetteln möchten. Eine passive Unterwerfung zeigt der Hund z.B. im Kampf, wenn er seine Unterlegenheit gegenüber dem Überlegenen anerkennt. Er legt sich dabei auf den Rücken und bietet dem Gegner die Kehle dar. Die Ohren werden an den Hinterkopf gelegt, der Schwanz ist zwischen die Hinterläufe geklemmt. Der Blickkontakt zum Gegner wird vermieden. Normalerweise bricht der überlegende Gegner den Kampf dann ab.

Entspannung: Der Schwanz hängt leicht gebogen herab. Die Ohren sind aufgestellt und zeigen nach vorn. Die Läufe sind leicht gewinkelt, der Kopf leicht angehoben.

Unsicherheit: Der Hund ist leicht geduckt, der Blick unruhig. Die Ohren werden nach hinten gedreht, die Rute zwischen die Läufe geklemmt. Die Lefzen werden nach hinten gezogen.

Zur **olfaktorischen (geruchlichen) Verständigung** gehört u.a. das Markieren mit Harn um das Revier abzustecken und das Beriechen von Artgenossen. Hier können Hunde z.B. feststellen, ob das Gegenüber männlich oder weiblich ist, ob es krank oder läufig ist, aggressiv oder freundlich gestimmt ect. Häufig werden Schnauze, Hinterteil und Hals des Gegenübers berochen. Auch Menschen werden beschnüffelt. Hunde können auch Krankheiten erschnüffeln (wie Krebszellen), Blutzuckerschwankungen bei Diabetikern erkennen oder vor epileptischen Anfällen warnen. Hunde können auch an der Stimme, Gestik und Mimik des Menschen dessen Gemützustand erkennen. Hunde wälzen sich gerne in überriechenden Substanzen, der Grund ist nicht geklärt. Vielleicht gefällt der Geruch dem Hund. Er kann so auch für andere Hunde interessanter werden. Einige Forscher vermuten, dass Hunde/ Wölfe damit ihren Geruch überdecken wollen, bevor sie auf Jagd gehen. Hunde verfügen auch über Duftdrüsen an den Ballen. Scharren sie nach dem Markieren, gibt das eine zusätzliche optische und geruchliche Markierung. Das **Bellen** variiert von Rasse zu Rasse und kann Verschiedenes bedeuten, z.B. als Warnung eingesetzt werden oder um den Menschen auf irgend etwas aufmerksam zu machen. Hunde **heulen** häufig, wenn sie ein lang andauerndes, unangenehmes Geräusch in den Ohren haben, wie z.B. Kirchenglockenläuten, Gewittergrollen, Blitz und Donner. Ein Hund kann auch zur Begrüßung oder vor Freude heulen. Oder wenn er sich verlassen fühlt. Heulen variiert also je nach Situation stark. **Knurren** kann je nach Situation ein Drohlaut sein, aber auch im Spiel eingesetzt werden. Hunde können auch als Warnung knurren, wenn sie etwas Unbekanntes sehen, riechen oder hören. **Winseln und Jaulen** kann Freude ausdrücken, aber auch wie **Schreien** Unbehagen, Schreck, Schmerz oder Angst bedeuten.

Ausbildung, Sport und Beschäftigung

Der Weiße Schweizer Schäferhund ist ein aufmerksamer, intelligenter und bewegungsfreudiger Hund, der nach Beschäftigung verlangt. Einfache Spaziergänge alleine machen ihn normalerweise nicht glücklich. In diesem Kapitel werden einige Möglichkeiten angesprochen, wie man seinen Hund weiterreichend ausbilden bzw beschäftigen kann. Auch auf Hundeplätzen/ in Hundeschulen ect wird man den Hundehalter entsprechend beraten können. Ich kann mit diesem Kapitel nur einige Anhaltspunkte geben. Was für Herr (Frau) und Hund das beste ist, muss man selbst herausfinden. Ich selbst finde alle Arten von Nasenarbeit richtig gut, welche den Hund körperlich und mental sehr gut auslastet. Auch für den Menschen ist diese Beschäftigung relativ „bequem". Man kann Nasenarbeit im Haus, aber auch auf dem Hundeplatz oder einfach in der Natur auf den Spaziergängen einfließen lassen. Aber auch in der Natur finden sich Möglichkeiten; so lassen sich Baustämme, Stege usw als „Agility-

Geräte" umfunktionieren. In einem ungefährlichen, sauberen See oder Tümpel ohne gefährliches Gerümpel kann der Weiße Schweizer Schäferhund in der wärmeren Jahreszeit gerne schwimmen, und die meisten Weißen sind echte Wasserratten. Ebenso kann der gesunde, erwachsene und gut gehorchende Weiße Schweizer Schäferhund gerne neben dem Fahrrad oder Pferd laufen. Gehorsamsübungen, Bindungsspaziergänge – das alles lässt sich auf normalen Spaziergängen einbauen.

Die erste Prüfung, die ein Hund ablegen kann, ist die **Begleithundeprüfung**. Rassehundezuchtvereine, Hundesportvereine und einige Hundeschulen bieten entsprechendes Training und Prüfungen an. Wer mit dem Weißen Schweizer Schäferhund weitere Prüfungen ablegen oder an Hundesportprüfungen / Turnieren teilnehmen möchte, muss normalerweise den Nachweis über eine bestandene Begleithundeprüfung bringen. Das Zulassungsalter liegt bei 15 Monaten. Der Besitzer muss eine theoretische Sachkundeprüfung ablegen, in der z.B. Verhalten mit dem Hund in der Öffentlichkeit, Elemente des Hundeverhaltens, Ernährung, Hundeerziehung usw abgefragt werden. Fragekataloge kann man im Internet und über die Hundevereine bekommen. Geprüft werden Leinenführigkeit, Freifolge, Sitz aus der Bewegung, Platz aus der Bewegung und Herbeirufen, Ablegen unter Ablenkung. Ein anderer Hundeführer vollführt mit seinem eigenen Hund die genannten Übungen, während der Prüflingshund ruhig und gelassen daneben liegt. Der HF steht in ca. 30 Schritt Entfernung mit dem Rücken zum Hund. Der Hund muss außerdem eine Menschenmenge durchqueren, dabei einmal sitzen und einmal abliegen, und sich trotz unangenehmer Geräusche (z.B. Bahn) und vorbeifahrender Autos gelassen zeigen. Auf einem normalen Gehweg oder einer Straße geht der Hundeführer mit seinem Hund entlang, während ein klingelnder Radfahrer und ein Jogger den Weg schneiden. Außerdem wird der Hund an einem Zaun o.ä. angebunden, während der HF außer Sicht geht und ein zweiter Hund vorbeikommt. Der angeleinte Hund darf gegenüber dem anderen Hund keine Angst oder Aggression zeigen. Für einige Prüfungselemente ist sicher ein Hundeplatz unabdinglich (z.B. Durchqueren einer Menschengruppe mit Hunden, Regenschirmen usw), anderes wie z.B. Grundsignale (Sitz, Platz usw), Leinenführigkeit, Bei-Fuß-Gehen bzw Grundgehorsam kann man dagegen auch selbstständig mit dem Hund zuhause und auf Spaziergängen trainieren.

Immer wichtiger werden in letzter Zeit **Hundeführerschein** und **Sachkundenachweis**. Für Halter von sog. „Listenhunden" sind sie meistens vorgeschrieben. Der Hundeführerschein ähnelt teilweise der Begleithundeprüfung, ist aber nicht mit dieser gleichzusetzen. Viele Rassehundezuchtvereine verlangen in Zuchtzulassungsprüfungen im Wesenstest ähnliche Elemente. Nach meinen Informationen ist es in Niedersachsen für alle (!) Hundehalter Vorschrift, Sachkundenachweis & Wesenstest abzulegen. Der Hundehalter muss zusätzlich zum Hundeführerschein einen Sachkundenachweis schriftlich ablegen. Der Hundehalter bearbeitet schriftlich einen Fragekatalog mit vorgegebenen Antworten, bei denen man eine oder mehrere richtige Lösungen auswählen muss. Themen sind z.B. Fragen zum Hundeverhalten, Ernährung, Erziehung, Verhalten mit dem Hund in der Öffentlichkeit, Hundehaltung usw. In der praktischen Prüfung wird die „Alltagstauglichkeit" von Mensch & Hund überprüft. Prüfer werten die schriftlichen Aufgaben aus und beobachten Herr & Hund im praktischen Teil. Herr & Hund müssen sich in der Öffentlichkeit bewegen, z.B. im Café, wenn der Hund unter dem Tisch liegt und der Kellner kommt. Der Hund soll sich in allen Situationen ruhig und souverän verhalten. Das Verhalten des Hundes in einer belebten Einkaufspassage wird ebenso beurteilt wie beim Durchqueren einer Fußgängergruppe bzw beim Einkaufsbummel durch eine belebte Fußgängerzone. Keinesfalls darf der Hund dabei Angst, Scheu oder Aggression zeigen, seine Umwelt gefährden oder belästigen. Der Hund muss angeleint an lockerer Leine ebenso laufen wie unangeleint. In Deutschland sind mehrere Hundetrainer, Tierärzte und Tierverhaltenstherapeuten berechtigt, entsprechende Prüfungen abzunehmen. Der Hund muss weiterhin verschiedene Signale ausführen (Sitz, Platz, Bleib, Kommen auf Ruf). An geeigneter Stelle wird der Hund schließlich angebunden und erhält ein Signal (Sitz, Platz oder Steh), während der Hundeführer außer Sicht geht. Erst nach Anweisung des Prüfers geht der HF zum Hund zurück. Diese Übung wird zuerst mit und in der zweiten Stufe ohne Leine durchgeführt. Der Halter muss außerdem zeigen, dass er seinem Hund problemlos Futter oder Spielzeug wegnehmen kann, und der Hund muss es sich ruhig gefallen lassen, dass der Hundehalter an ihm Zähne, Pfoten und Ohren kontrolliert, ihm einen Maulkorb anlegt und den Fang zubinden sowie von einer anderen Person problemlos anfassen lassen. In einer öffentlichen Grünanlage o.ä. findet ein Spaziergang mit dem Hund statt. Der Prüfungsrichter legt verschiedene Gehorsamsübungen wie Sitz, Platz, Fuß ect fest. Der Hund muss sich gegenüber Joggern, Spaziergängern, Radfahrern usw neutral bis freundlich verhalten. Es darf sich keine Angst oder Aggression zeigen. Zuerst wird der angeleinte Hund geprüft, dann in Freifolge. Das Mensch-Hund-Team kann mit Radfahrern, Rollstuhlfahrern, Kinderwagen, Spaziergängern, Rindern, Pferden, Hühnern, Katzen, Enten, Wild usw konfrontiert werden. Mit dem angeleinten Hund muss eine Menschengruppe durchquert werden. Der Hund wird unter Ablenkung abgelegt. Auch im innerstädtischen Bereich wird geprüft. HF und Hund müssen mit anderen Personen im Lift fahren, begegnen auf einem schmalen Weg anderen Personen, kehren kurz in ein Café ein, fahren Bus oder Bahn, gehen an einer stark befahrenen Straße entlang. Der Hund muss wieder an lockerer Leine gehen, Sitz, Platz und Steh zeigen. Korrekturworte sollten ggfs. bedarfsgerecht vom HF eingesetzt werden. Andernfalls fordert der Richter dazu auf.

Da der Weiße Schweizer Schäferhund als ursprünglicher Hütehund viel Auslauf und Beschäftigung benötigt, nehmen viele Halter ihre Hunde beim **Radfahren** mit. Dies sollte man erst mit dem körperlich ausgewachsenen Hund im gut gepolsterten Geschirr probieren. Man sollte dabei langsam beginnen (erst nur 1 km, später 10-15 km, wenn der Hund gut trainiert ist eventuell mehr). Der Weiße Schweizer Schäferhund muss gesund sein, Herz, Hüften usw sollten vor dem Training vom Tierarzt untersucht werden (ggfs. HD-Röntgenergebnis abwarten). Das Training wird langsam begonnen und schließlich gesteigert. Der Weiße Schweizer Schäferhund läuft natürlich an der verkehrsabgewandten Seite. Es gibt dehnbare Spezialleinen, die einen plötzlichen Ruck abfangen. Außerdem sind im Fachhandel sind spezielle Konstruktionen erhältlich, an denen die Leine befestigt werden kann, sog. Dog-Biker. Spezialfedern helfen ebenfalls, einen plötzlichen Ruck zu mildern. Der Hund sollte nicht bei Temperaturen über 15 °C am Rad laufen, dies könnte seiner Gesundheit schaden. Zwischendurch werden immer mal Pausen eingelegt, wo der Hund auch Wasser bekommt. Natürlich darf der Weiße Schweizer Schäferhund vor der Tour nichts mehr fressen. Der Hund bestimmt das Tempo und darf nicht neben (hinter) dem Rad hergezerrt werden! Normalerweise kann ein Schäferhund weit mehr als 20 km neben dem Rad her traben. Auf heißem Asphalt soll der Hund nicht laufen, das könnte seine Pfoten schädigen. Immer nur auf harten Wegen kann die Gelenke zu sehr beanspruchen, deshalb auch immer mal auf weichem Waldboden o.ä. laufen lassen. Schon beim Spaziergang mit dem Welpen sollte man das Rad öfter mal nebenher schieben, denn in der Sonne blitzende Speichen können manchem Hund Respekt einflößen. Man sollte die Leine stets in der Hand behalten, um böse Stürze zu vermeiden. Angeleintes Laufen neben dem Rad bedeutet gleichmäßiges Laufen, was beim Junghund Hüftprobleme begünstigen kann. Anders beim freilaufenden Hund. Dieser bestimmt sein Tempo selbst, bleibt öfter mal stehen, um zu schnüffeln, buddeln oder markieren, bleibt zurück, läuft voraus, schließt auf. Einen unter 12 Monate alten Weißen Schweizer Schäferhund sollte man wenn überhaupt nur im Freilauf auf geeigneten Wegen (z.B. weicher, ruhiger Waldweg, um die Gelenke zu schonen und unschöne Begegnungen mit Verkehr zu vermeiden – bei jagdinteressierten Hunden an eventuelles Wild denken!) am Rad mitnehmen. Ein freilaufender Hund bestimmt sein Tempo selbst, so dass es sich dann mehr oder weniger um einen etwas flotteren Spaziergang handelt. Selbstverständlich sollte man einen ruhigen, nicht zu festen Weg (z.B. Waldweg, Sandweg) wählen, um die Gelenke des Hundes zu schonen. Beim alten oder kranken Hund muss man die Radtour ebenfalls anpassen, vielleicht auch vom Plan streichen. Ein Schäferhund muss nicht neben dem Rad laufen. Wer körperlich dazu nicht in der Lage ist (z.B. wegen Gleichgewichtsproblemen), kann immer noch lange Spaziergänge mit dem Hund machen und natürlich auch weitere artgerechte Anregungen bieten. Nasenarbeit machen nahezu alle Weißen Schweizer Schäferhund äußerst begeistert mit. Außerdem lastet Nasenarbeit körperlich und geistig außerordentlich gut aus.

Mantrailing bezeichnet die Suche nach vermissten Personen mit Hilfe von Hunden. Mit Hilfe seines Geruchssinns unterscheidet der Hund allerlei Gerüche. Man braucht beim Mantrailing einen Geruchsträger, z.B. ein Kleidungsstück, das mit dem Geruch der vermissten Person behaftet ist, sowie Informationen über den Abgangsort der vermissten Person. Professionelle Mantrailer-Teams haben eine langwierige und aufwendige Ausbildung absolviert. Mantrailer werden auch von Polizei und Rettungsdiensten eingesetzt. Auch mit reinen Familien- oder Begleithunden kann man Mantrailing-Ausbildungen absolvieren. Natürlich ist Mantrailing auch als reine Freizeitbeschäftigung eine ausgezeichnete Auslastung, die Körper und Geist fordert. Mantrailer-Teams im Realeinsatz erbringen dabei aber eine ganz andere Leistung als Familienhunde, die „nur" als Hobby im Mantrailing geführt werden, da es im Realeinsatz um echte Menschenleben geht. Gesucht werden hier und da flüchtige Straftäter, meist jedoch vermisste Kinder, verletzte, kranke, verwirrte oder demente Personen ect. Mantrailer suchen (im Gegensatz zu Fährtenhunden) auch in Gebäuden und auf bebauten Flächen. Mantrailer werden auf Spuren von Fußgängern angesetzt, können aber auch Spuren von Menschen verfolgen, die z.B. in ein Auto gestiegen und weggefahren sind. Trotz vieler Verleitungen (Kreuzungen der eigentlichen Spur durch andere Menschen, Tiere ect), darf sich der Mantrailer nicht von der eigentlichen Spur abbringen lassen. Menschen verlieren fortwährend Hautschuppen, Haare ect., die eine Weile in der Luft schweben und dann herab auf den Boden sinken. Der Geruch eines Menschen ist spezifisch wie seine DNS. Die Geruchsmoleküle sind verschieden lange haltbar: Hautzellen ca. 36 Stunden, rote Blutkörperchen 120 Tage. Dies alleine begrenzt schon die Haltbarkeit einer Geruchsspur. Aber auch durch Windverwehungen, Verunreinigungen mit anderen Gerüchen, Einwirkungen von Regen, Schnee, Hitze ect verliert die Spur an Haltbarkeit. Studien belegen Spurenalter von 48 Stunden bis zu 4 Wochen. Weiße Schweizer Schäferhunde sind durchaus ausgezeichnete Mantrailer, denn Nasenarbeit lastet extrem aus und kommt dem Weißen entgegen. Es gibt auch Hundehalter, die Mantrailing als reine Freizeitbeschäftigung mit ihrem Hund ausüben. Bei reinem Freizeitmantrailing sind Fehler, die immer passieren können, nicht so problematisch, sofern der Mensch bereit ist, die Anforderungen an sich selbst und den Hund etwas herunter zu schrauben. Stehen Menschenleben auf dem Spiel, kann der Einsatz des Mantrailers aber überlebenswichtig sein! Das rechtzeitige Auffinden der vermissten Person ist dabei von größter Wichtigkeit. Leiden gehen Realeinsätze auch bei Profis nicht immer glücklich aus. Menschliches (oder hündisches) Versagen kann vorkommen. Es können erschwerende Umstände hinzu kommen, schon ein Unwetter kann sich unheilvoll auswirken. Der Einsatz eines Leichenspürhundes kann sich als fatal erweisen, wenn man fälschlicherweise davon ausgeht, dass es keine Überlebenden gibt. Der Leichenspürhund zeigt dann möglicherweise nicht an, weil er nur gelernt hat, Leichen anzuzeigen, aber keine noch lebenden Opfer. Sind die Rettungskräfte zu spät am Unglücksort, kann auch das verhängnisvolle Folgen haben.

Fährtenarbeit ist eine erstklassige Ausbildung für den Weißen Schweizer Schäferhund. In jeder Form lastet Nasenarbeit extrem aus. Obwohl auch bei der Fährtenarbeit eine Spur verfolgt wird, gibt es große Unterschiede zum Mantrailing. Ein Mantrailer verfolgt eine Menschenspur, orientiert sich also am individuellen Geruch eines Menschen, während der Fährtenhund einer Bodenverletzung folgt. Eine Bodenverletzung entsteht, wenn ein Tier oder ein Mensch z.B. über eine Wiese, einen Acker o.ä. läuft. Dabei werden kleine Pflanzenteile, Bakterien usw zertreten. Bei dieser Bodenverletzung wird ein spezifischer Geruch freigesetzt. Fährtenarbeit wird überwiegend als Sport betrieben. Bei der Vermisstensuche ist sie meistens untauglich. Der Fährtenleger legt eine Spur auf unterschiedlichem Gelände (Wiese, Acker, Straße…). Dabei werden auf der Fährte mehrere kleine Gegenstände aus verschiedenen Materialien (Holz, Leder, Kunststoff) abgelegt. Der Hundeführer führt seinen Hund mit Geschirr oder einem Halsband ohne Zugwirkung und einer 10-m-Leine. Die Fährte ist 20 Minuten bis 3 Stunden alt, je nach dem Ausbildungsstand des Hundes. Es gibt eine Eigenfährte (der Hundeführer legt die Fährte selbst) und eine Fremdfährte, die von einem anderen Menschen gelegt wird und dem Hundeführer ist in diesem Fall in der Regel der genaue Fährtenverlauf nicht bekannt. So kann der HF dann nicht – wenn auch ohne Absicht - seinen Hund beeinflussen. Eine Fährte im Hundesport besteht aus mehreren geradlinigen sowie abknickenden / bogenförmigen Abschnitten, den Schenkeln. Ferber gibt es diverse Winkel zwischen diesen. Der Beginn der Fährte heißt Abgang. Meist wird dieser optisch gekennzeichnet. Fährtenverläufe können auch durch Fähnchen, Pfosten o.ä. optisch markiert werden. Allerdings orientiert sich auch der Hund daran. Deshalb ist es besser, verschiedene Bäume, Sträucher oder andere bereits von der Natur „vorgegeben" Punkte als Orientierung zu wählen. Der Hund muss lernen, auf verschiedenen Untergründen wie Wiese, Asphalt, Ackerboden ect zu suchen. Eine Wiese sollte nicht zu hoch stehen, da der Hund schnell lernt, sich (auch) mit den Augen zu orientieren. Zu Beginn der Ausbildung sollte der Hund auf die 20 Minuten alte

Fährte geschickt werden, später werden die Intervalle zwischen dem Fährtenlegen und dem Losschicken des Hundes immer größer. Bei der Fährtenhundprüfung 1 und 2 (FH 1 und FH 2) ist die Fährte ca. 3 Stunden alt. Mit den höheren Prüfungsstufen ist die Fährte länger, die Spur älter, beinhaltet mehr Winkel und der Hund muss mehr Gegenstände auffinden und anzeigen, z.B. durch Aufnehmen, Vorsitzen, Vorliegen, Verbellen. Bei den höheren Prüfungsstufen legt ein zweiter Fährtenleger eine Verleitfährte (kreuzende Fährte über der Ursprungsfährte). Der Hund darf sich davon nicht aus dem Konzept bringen lassen. Er soll gleichmäßig mit tiefer Nase suchen (bei jüngeren Fährten wird normalerweise mit hoher Nase gesucht, da die Geruchsmoleküle noch überwiegend in der Luft schweben). Es gibt unterschiedliche Ansätze, wie man dem Hund das Fährtentraining schmackhaft machen kann. Am einfachsten (bei futterbegeisterten Hunden) ist es, eine Eigenfährte zu legen und in jedem Trittsiegel ein Leckerli zu deponieren. Die ist anfangs nur einige Meter lang und wird später ausgedehnt. Das Leckerli muss für den Hund interessant sein, z.B. Käse, Trockenfleisch, Trockenfisch…. Weiß der Hund, um was es geht, wird allmählich die Fährte verlängert und immer weniger Futter verteilt. Dann liegt nur noch in jedem zweiten Trittsiegel ein Futterbröckchen, später in jedem dritten, schließlich nur noch in jedem zwanzigsten. Man kann alternativ auch Tupf- oder Schleppfährten verwenden. Irgendwann arbeitet der Hund auch Fährten ohne Futter aus. Wer keine Fährtenprüfung ablegen möchte, braucht auf Futterfährten nicht verzichten. Wer Fährtenprüfungen ablegen möchte, sollte das Futter nach und nach ausschleichen, denn in der Prüfung sind keine Leckerli und Spielzeug ect erlaubt. Allerdings darf es auch hier zwischendurch die eine oder andere leichtere Fährte mit Leckerchen geben (oder alternativ mit Spielzeug), damit der Hund nicht die Motivation verliert. Man kann Fährten allerdings alternativ auch gänzlich ohne Futter aufbauen. Im Fachhandel gibt es viele gute Bücher zum Thema.

Schnüffelspiele sind ebenfalls eine gute Beschäftigung. Wenn der Hund Spielzeug liebt, kann man Spielzeug verwenden, ansonsten verwendet man Leckerli. Schnüffelspiele kann man sehr gut als Vorbereitung für spätere, ernsthaftere Nasenarbeit nutzen. Aber auch, wenn klassische Nasenarbeit wie Fährten, Mantrailing ect nicht in Betracht kommt, sind Schnüffelspiele eine gute Alternative – auch wenn der Grad des Anspruchs etwas geringer ist. Schnüffelspiele kann man unterschiedlich aufbauen. Es gibt vielfältige Möglichkeiten. Im Fachhandel sind verschiedene Bücher zum Thema erhältlich. Man kann Leckerli in einen Wasserbehälter geben, aus denen der Hund sie herausfischen muss. Oder man wirft sie in einen Tümpel, und der Hund muss sie herausfischen (entweder schwimmend oder tauchend). Man kann Leckerli oder Spielzeug in Schnee oder unter Laub verstecken. Je nach Konsistenz können Leckerli an Zweigen/ Ästen von Sträuchern und Büschen aufgehängt bzw aufgespießt werden. Eine andere Möglichkeit wäre, Leckerli in Gläsern oder Kunststoffdosen (mit kleinen Löchern im Deckel) zu verstecken und zwischen identische Gefäße Behältnisse zu stellen, die kein Leckerli enthalten. Der Hund wird zu den Gläsern geschickt, die in Reihe nebeneinander oder bunt gemischt durcheinander stehen, mit dem Signal „Such!" o.ä. Anzeige am falschen Glas wird ignoriert. Anzeige am richtigen Glas wird sofort verbal und mittels Leckerli bestätigt. Man kann auch ein „richtiges" Anzeigeverhalten trainieren. Vielleicht zeigt der Hund von sich aus schon den Fund an (Verbellen, Vorsitzen, Vorliegen, Anstupsen ect). Das wird sofort positiv bestätigt mittels Leckerli aus dem Glas. Je mehr das Verhalten in bestimmten Situationen für den Hund lohnt, desto öfter wird er es zeigen. Wer kein Futter, sondern Spielzeug, Gegenstände ect verwenden möchte, muss diese für den Hund interessant machen. Man kann z.B. eine Weile mit dem Hund spielen und das Spielzeug dann im Beisein des Hundes verstecken. Hunde sind rot-grün-blind. In einer Wiese können sie also alleine mit den Augen einen roten oder grünen Gegenstand nicht so leicht entdecken. Sie suchen dann mehr mit der Nase. Einen blauen, gelben oder weißen Gegenstand würden sie besser sehen. Der Hund sollte richtig wild auf den Gegenstand sein. Man kann den Gegenstand auch mit Knochen- oder Fleischbrühe, Würstchenwasser, Lachsöl o.ä. beträufeln und dann an einer Schnur hinter sich herziehen. Als Motivation dient der Würstchen- oder Lachsölgeruch. Am Ende der Spur findet der Hund eine Belohnung finden (z.B. einen schönen Leckerbissen, DAS Spielzeug). Man sollte ein Spielzeug verwenden, das der Hund sehr liebt und aber nur für die Sucharbeit benutzt werden. Es steht sonst nicht zur freien Verfügung stehen. Es würde sonst an Reiz verlieren. Warum soll der Hund ein Spielzeug suchen, dessen er sich doch sonst wann immer er will bemächtigen kann. Wem die Futterfährte nicht zusagt, kann eine Schlepp-, Tupf- oder Tropffährte legen. Am Ende der Spur kann der Leckerbissen in einem Beutel, Täschchen o.ä. bereitliegen. Der Hund muss solange warten, bis sein Mensch ihm das Futter gibt und kann sich nicht selbst bedienen. Man kann aber auch einfach eine Tupf- oder Tropffährte legen, am Ende der Fährte einen Geruchsträger (Spielzeug ect) deponieren, den man mit dem Geruch (Lachsöl, Würtschenwasser ect) beträufelt hat, und sobald der Hund den Geruchsträger gefunden hat, bekommt er entweder diesen als Bestätigung, oder man lässt den Hund den Gegenstand anzeigen, steckt ihn dann in die Tasche und holt die kulinarische Belohnung für den Hund hervor. Oder es folgt ein kleines Zerr- oder Apportierspiel mit dem Gegenstand. Man kann den Futterbrocken auch am Ende der Fährte in einem Behälter deponieren und ihn dann dem Hund geben, wenn er den Behälter zuverlässig angezeigt hat. Z.B. kann man ein Stück Pansen in einer Filmdose verstecken, die man im hohen Gras ablegt. Oder man gibt einen Leckerbissen (Pansen, Käse, Trockenfleisch, Trockenfisch…) in ein kleines Täschchen, wie z.B. ein Leckerlietäschchen, ein ausrangiertes Schlüsselmäppchen). Das Täschchen platziert man so, dass der Hund es mit der Nase suchen muss (nicht mit den Augen). Also in hohem Gras, in einer Spalte, in Laub, in Schnee, in einem Gebüsch, hinter Ecken, in einem zu einer Mauer aufgeschichteten Holz- oder

Ziegelhaufen, zwischen Totholz, zwischen den Wurzeln eines großen Baums…. Hunde können andere Gerüche auch noch in millionenfacher Verdünnung wahrnehmen. Wenn man also einen Tropfen Lachsöl in zwei Liter Wasser gibt und dieses dann tropfenweise auf der Spur verteilt, kann der Schäferhund die Fährte immer noch sehr gut ausarbeiten. Natürlich sollte man dabei stets die Sicherheit des Hundes und seine eigene Sicherheit im Auge haben, ebenso ist darauf zu achten, dass man nirgendwo Schaden anrichtet. Man sollte eine Fährte z.B. nicht auf einem frisch gesäten Acker legen. Die Spur, auf weicherem Untergrund wie Erde, Sand, Rasen ect gelegt, ist haltbarer und einfacher auszuarbeiten als eine Fährte auf Asphalt o.ä. Regen, Schnee, Hitze usw können die Beständigkeit der Spur (negativ) beeinflussen, ebenso das Suchverhalten des Hundes. Man sollte immer mal bei den Suchspielen variieren (z.B. unterschiedliche Spielzeuge oder Leckerli verwenden, die Art des Suchspiels variieren, an unterschiedlichen Orten trainieren). Der Schäferhund sollte nie die Freude an der Arbeit verlieren.

Es gibt viele **weitere Ausbildungen in der Nasenarbeit**, die ich hier nicht alle behandeln kann. Ich verweise auf entsprechende Literatur. Zu diesen Ausbildungen zählen z.B. Schimmelspürhund, Artenschutzspürhund, Bettwanzenspürhund, Borkenkäferspürhund, Leichenspürhund, Geldspürhund, Handy- und Chipspürhund, Brandmittelspürhund, Sprengstoffspürhund, Rauschgift- und Betäubungsmittelspürhund, Brunstspürhund, Trüffelsuchhund, Lebensmittel- und Weinspürhund, Gasspürhund und viele weitere. Einige Hunde erschnüffeln Hautkrebszellen oder warnen vor epileptischen Anfällen, zeigen Über- oder Unterzuckerung bei Diabetikern an. Simple Suchspiele lasten aber ebenfalls aus und machen Spaß. Der Anspruch ist nur ein etwas anderer als bei den „Profis". Suchspiele eignen sich, um den Hund zwischen Einheiten klassischer Nasenarbeit auszulasten, aber wenn es etwas „gemächlicher" zugehen soll. Ebenfalls eignen sich Suchspiele hervorragend, wenn Profi-Nasenarbeit nicht in Betracht kommt.

Clickertraining ist eine gute Alternative zum „herkömmlichen" Loben. Es handelt sich beim Clicker um einen Knackfrosch mit einem spezifischen Geräusch, das entsteht, wenn man auf den Clicker drückt. Das Clickgeräusch soll für den Hund einen positiven Touch besitzen. Der Clicker hat den Vorteil, dass das Geräusch immer gleich klingt, auch wenn der Hundehalter z.B. gerade schlechte Laune hat. Hunde reagieren sehr sensibel auf die Stimmungen ihrer Bezugspersonen. Ein gereiztes „Gut gemacht" versteht kein Hund. Hunde verstehen den Tonfall eher als den Inhalt der Worte. Der Hund muss positiv auf den Clicker konditioniert werden. D.h. er muss den Klang positiv verknüpfen. Das Training ist simpel. Man setzt sich mit seinem Hund in eine ruhige Ecke und bewaffnet sich mit Clicker und Leckerli. Wenn man die Aufmerksamkeit des Hundes hat, clickt man und gibt dem Hund sofort sein Leckerli. Das wiederholt man ca. 10-15 mal. Am nächsten Tag wiederholt man das Ganze wieder. Die meisten Hunde begreifen schnell, was es mit dem Clicker auf sich hat. Die kulinarischen Belohnungen kann man dann nach und nach ausschleichen. Ab und zu sollte der Weiße Schweizer Schäferhund dennoch ein Leckerli bekommen, das dem Click auf dem Fuße folgt. Der Hund könnte den positiven Touch des Clickers wieder verlernen, da auf das Geräusch nichts Positives folgt. Der Clicker soll eine Erwartungshaltung aufrecht erhalten. Mal gibt es ein Leckerchen, mal nicht. Da der Hund nie weiß, wann er belohnt wird, bleibt er weiter aufmerksam und folgt willig. Allerdings gibt es auch Weiße Schweizer Schäferhunde, die schlechte Fresser sind und Belohnungshappen ebenfalls überwiegend ignorieren. Andere Weiße dagegen sind total verfressen und tun für ihr geliebtes Leckerli fast alles. Für ein Kraulen und ein liebes Wort sind fast alle empfänglich, einige tun alles für ein geliebtes Spielzeug (das dann nur zu Trainingszwecken hervorgeholt werden sollte und ansonsten nicht zur freien Verfügung steht – es verliert sonst seinen Reiz).

Man kann Verhalten durch Nicht-Beachten auslöschen. Wer nicht möchte, dass sein Hund am Tisch bettelt, und sein Verhalten gänzlich ignoriert, also nicht anschaut, nicht anspricht und natürlich auch kein Essen vom Tisch gibt, der löscht das Betteln aus. Der Hund wird das Betteln schnell wieder einstellen, es lohnt sich ja doch nicht. Man sollte öfter mal Blickkontakt zum Hund halten. Es reicht, den Blickkontakt öfter kurz zu erwidern. Der Hund sucht so Kontakt zu uns und ist aufmerksam, was wiederum die Bindung zwischen Mensch und Hund festigt und auch die Erziehung erleichtert. Der Weiße Schweizer Schäferhund ist ja schließlich ein vollwertiges Familienmitglied; kein Sportgerät, das nur hervorgeholt wird, wenn man gerade Lust hat, sich damit zu beschäftigen.

Die **Zielobjektsuche (ZOS)** wurde von dem ehemaligen Polizeihundeführer Thomas Baumann entwickelt. Es handelt sich hierbei um eine systematische, anspruchsvolle Suche nach bestimmten, vom Menschen ausgelegten kleinen Objekten. Einige davon haben nur die Größe einer Büroklammer, sie können aber auch größer sein. Es gibt sportliche Wettkämpfe in der Zielobjektsuche mit vier Leistungsklassen. Trainiert wird mit kleinen Gegenständen wie Feuerzeugen, Kugelschreibern ect und viel positiver Verstärkung (Lob, Leckerli usw). Alles, was der Hund richtig macht, wird ausgiebig bestätigt, Fehler dagegen ignoriert und das Training entsprechend neu und positiv aufgebaut. Die Hunde lernen das Erschnüffeln des Gegenstandes und sollen diesen auch anzeigen, z.B. durch Abliegen oder Absitzen vor dem gefundenen Gegenstand. Weitere Elemente der ZOS sind u.a. die Trümmerfeldsuche, die Päckchenstraße und die Freiflächenübung. Bei der Trümmerfeldsuche ist ein Gegenstand aus einer Fülle anderer Gegenstände herauszusuchen. Bei der Päckchenstraße stehen viele kleine Eimer nebeneinander, aus denen der Hund den Gegenstand herauslesen muss. Bei der Freiflächenübung wird ein Gegenstand auf einer 200 qm großen Grasfläche ausgelegt. Der Hundehalter bleibt auf dem Weg in der Mitte stehen, während der Hund sucht und verweist.

Rettungshunde gibt es in verschiedenen Bereichen. Neben dem Mantrailing sind das Rettungshunde in der Lawinensuche, in der Flächen- und Trümmersuche und auch in der Wassersuche. Bei der Lawinensuche wird unter Schnee gesucht, Hunde erschnüffeln auch Personen unter Wasser sowie Ertrunkene. Leichenspürhunde, ob an Land oder im Wasser, sind eigentlich keine Rettungshunde, da sie zu spät kommen (um zu retten). Rettungshunde arbeiten eng mit ihren Hundeführern zusammen, hier und da müssen die Hunde auch mit anderen Menschen zusammen arbeiten. Der Rettungshundeführer muss ebenfalls über eine entsprechende Qualifikation verfügen, also z.B. über eine Ausbildung als Notarzt oder Rettungssanitäter. Wichtig sind auch umfangreiche Kenntnisse in Ortskunde, Kartenlesen, Umgang mit Kompass ect. Mehrere zusammen arbeitende Mensch-Hund-Teams werden Rettungshundestaffel genannt. Das Training der Rettungshunde umfasst z.B. auch das Abseilen, Mitfliegen im Hubschrauber, sicheres Gehen über verschiedene Untergründe, wie z.B. Geröll, Stein, Glas, Sand, Erde, Wasser, sich bewegende Untergründe, Trümmer usw. Hund und HF müssen physisch und psychisch gesund und belastbar sein. Die Rettungshundearbeit muss mit beruflichen wie privaten Belangen in Einklang gebracht werden. Welcher Arbeitgeber ist begeistert, wenn sein Mitarbeiter während des Bereitschaftsdienstes von der Arbeit zum Einsatz eilt? Wie kommt die Familie mit der ständigen Einsatzbereitschaft klar? Hat man immer Spaß daran, regelmäßig im (künstlich geschaffenen) Trümmer- oder Lawinenfeld zu trainieren? Ansprechpartner, bei denen man oft auch ein „Schnuppertraining" absolvieren kann (Rettungshundedienst verlangt physische und psychische Höchstleistungen von Hund & Halter!), sind verschiedene Rettungshundestaffeln, Deutsches Rotes Kreuz, Feuerwehr, Technisches Hilfswerk, ASB, Bergwachten, Johanniter, Bundesverband Rettungshunde e.V., Bundesverband zertifizierter Rettungshundestaffeln e.V., Deutscher Rettungshundeverein e.V., Österreichische Rettungshundebrigade, Österreichische Suchhundestaffel, Rettungshunde Niederösterreich u.a. Mancherorts verfügen auch Feuerwehren und Bergwachten über Rettungshunde. Die Rettungshundearbeit lastet den Hund (und auch den Menschen!) extrem aus. Aber im Gegensatz zu Schutzdienst oder Agility geht es hier um Menschenleben! Auch muss man bedenken, dass Realeinsätze nicht immer glücklich ausgehen, diesem Druck muss der Rettungshundeführer gewachsen sein. Manche Rettungshundeteams nehmen gar nicht oder nur selten an Realeinsätzen teil, sondern stellen ihr Können hauptsächlich auf Veranstaltungen unter Beweis. Regelmäßiges Training, z.B. im künstlich geschaffenen Lawinen- oder Trümmerfeld, sollte dennoch obligatorisch sein. Die körperliche und mentale Leistungsfähigkeit der Teams wird in regelmäßigen Abständen geprüft, um festzustellen, ob sie noch immer geeignet sind.

Agility ist dem Springsport bei Pferden nachempfunden. Anfangs lediglich als Pausenfüller auf Zuchtschauen gedacht, hat sich Agility inzwischen auf Wettkampfebene etabliert. Der Hund läuft unangeleint neben seinem Hundeführer über einen Hindernisparcours. Der Hund muss ausgewachsen und gesund sein, um gesundheitliche Schäden (z.B. am Bewegungsapparat) zu vermeiden. Zu den Hindernissen gehören Hürden, Ringe, Slaloms, Tunnel und über Stege. Fehlstarts, Stangenabwürfe und Verweigerungen von Hindernissen gelten als Fehler. Man kann Agility als reine Beschäftigung ausführen, die den Hund extrem fordert. Agility wird aber auch auf Wettkampfebene betrieben. Es gibt Turniere, die sehr beliebt sind. Will man an Wettkämpfen teilnehmen, werden in der Regel eine erfolgreich abgelegte Begleithundeprüfung, eine Ahnentafel sowie ein ausreichender und aktueller Impfstatus verlangt. Hundeschulen, Rassehundezucht- und Hundesportvereine bieten teilweise Agility-Training an. Man kann auch im Fachhandel Agility-Geräte kaufen. Man kann sie bei Bedarf z.B. im Garten aufstellen und auch schnell wieder abbauen. Aber auch die Natur bietet gute Gelegenheiten für ähnliches Training. Umgestürzte Baumstämme bieten sich beispielsweise zum Überspringen oder Darüberbalancieren an usw. Heu- und Strohballen, die im Spätsommer auf vielen Feldern liegen, sind ebenfalls für sportliche Betätigungen geeignet. Sitzbänke eignen sich ebenfalls z.T. für Sprung- und Abliege- bzw Blei- bübungen. Man kann Hoola-Hoop-Reifen zwischen zwei Bäu- men oder Sträuchern aufhängen, damit der Hund hindurch springen kann. Man kann Besenstiele oder Zweige quer über zwei Hocker oder Stühle legen, und schon hat man eine Hürde. Agility-Training wird von einigen Hundeschulen, Hundesportver- einen, auf einigen Hundeplätzen von Rassehundezuchtverei- nen, aber auch von spezialisierten Agility-Clubs angeboten. Ei- nige von ihnen richten auch Turniere und Meisterschaften aus. Bei Meisterschaften und Turnieren wird normalerweise eine Ah- nentafel des Hundes sowie ein ausreichend nachweisbarer Impfstatus (gültigen Impfpass vorlegen) verlangt (das gilt für alle Prüfungen bzw Turniere). Meist wird – wie bei anderen sportli- chen Prüfungen auch - über die Chipnummer die Identität des gemeldeten Hundes überprüft.

Sportliche Betätigungen müssen beiden Seiten Spaß machen! Nur gesunde Hunde dürfen für Höchstleistungen herangezogen werden. Auch kranke, alte oder sehr junge Hunde müssen be- schäftigt und bewegt werden, doch muss diese Beschäftigung genau auf den einzelnen Hund abgestimmt sein, eventuell sollte ein Tierarzt oder ein Tierphysiotherapie ein Auge darauf haben. HD, ED, Herzprobleme, schwere Arthrose, schweres Rheuma usw schließen Extremsport aus! Aber auch kranke, sehr junge oder alte Hunde brauchen artgerechte Auslastung. Hier sollte man die Spaziergänge entsprechend anpassen; Nasenarbeit (ent- sprechend angepasst) eignet sich für fast alle Hunde und lastet körperlich und geistig extrem aus.

Die **Gebrauchshundprüfung** (GHP) wurde früher Schutzhundprü- fung (SchH) und später Vielseitigkeitsprüfung für Gebrauchs- hunde (VPG) genannt. Der „Gebrauchshundesport" ist wirklich reiner Sport und hat mit dem Schutz eines Menschen nichts zu tun. Weiße Schweizer Schäferhunde machen die Elemente

Fährtenarbeit und Unterordnung begeistert mit, besonders Nasenarbeit lieben sie. Den Schutzdienst, die sog. Mannarbeit, machen sie ebenfalls gerne mit, aber meistens fehlt ihnen die nötige Härte. Jedoch fühlten sich hier schon Züchter auf den Schlips getreten und haben bewiesen, dass die Weißen den Deutschen Schäferhunden in nichts nachstehen. Ob das positiv ist, kann man sehen wie man will.... Schutzdienst ist nichts für jedermann. Man sollte mehrere Bücher zum Thema lesen, sich das Training bei einem Rassehundezucht- oder Hundesportverein ansehen und sich dort von einem kompetenten Trainer auch beraten lassen. Wenn der Trainer von diesem Sport abrät, hat das meistens einen Grund – in der Regel sind Herr (Frau) und/oder Hund schlicht ungeeignet! Aber manchmal passt auch einfach die Chemie nicht, und dann sollte man sich einfach einen anderen Trainer suchen. Ein schlecht aufgebauter Hund kann eine Gefahr für sich und andere werden, selbst in Profihand. Ein ungeeigneter Hund hat nichts in einer solchen Ausbildung verloren. Und auch nicht jeder Hundehalter ist geeignet. Im Prinzip können Hunde jeder Rasse und Mischung diese Prüfung ablegen, sofern sie körperlich und charakterlich geeignet sind. Die Ausbildung wird häufig schon mit dem Welpen begonnen. So kann man Zerrspiele mit Fetzen, Lappen, Handtüchern, Tauen ect als Vorbereitung für die „Mannarbeit" durchführen. Auch Gehorsamsübungen sowie erstes Heranführen an die Nasenarbeit sind beim Welpen schon möglich bzw auch wichtig. Der Hund soll den Schutzärmel als Beute ansehen, nicht aber den Menschen, der den Schutzärmel trägt. Kern der Prüfung sind die Verteidigung des Hundeführers durch den Hund gegen einen Scheintäter. Weiterhin gehört zur Prüfung die Selbstverteidigung des Hundes. Desweiteren muss der Hund eine Fährte ausarbeiten und eine Unterordnung (Gehorsamsübungen) absolvieren. Der Hund soll zwar den Schutzärmel als Beute ansehen, aber bei schlecht aufgebauten oder ungeeigneten Hunden (oder ungeeigneten Trainern, Schutzdiensthelfern oder Hundehaltern) kann das auch schiefgehen. Solche Hunde können gefährlich werden. Andere Halter von Schutzhunden betonen dagegen, dass sie einen gut gehorchenden, wesensfesten und jederzeit kontrollierbaren Hund haben. Der Hund soll über Spiel und Motivation ohne wesentlichen Druck aufgebaut werden und nicht über den Wehrtrieb. Wer sich für diesen Sport interessiert, sollte mehrere Bücher zum Thema lesen, sich den Sport auf einem Hundeplatz persönlich ansehen und sich auch von einem kompetenten Trainer

beraten lassen. Und nur geeignete Hunde und Menschen sollten diesen Sport unter strenger Kontrolle ausüben. Ein Hund ist keine Waffe! Mit dem Schutz eines Menschen hat dieser Sport nichts zu tun. Schutzhunde bei der Polizei, die ihren Hundeführer gegen Angreifer schützen sollen, durchlaufen eine andere Ausbildung als Schutzhunde, die „nur" sportlich geführt werden.

Hüten ist die ursprüngliche Aufgabe des Weißen Schweizer Schäferhundes. Heute sieht man ihn nur noch äußerst selten an der Herde. Die entsprechende Prüfung heißt Herdengebrauchshundprüfung (HGH) bzw Hütehundprüfung. Das Leistungshüten gibt es auf Wettkampfebene auch heute noch. Für eine Leistungszucht ist neben der GHP auch eine HGH zugelassen. Beim Leistungshüten wird das Zusammenspiel von Schäfer/ Hirte und Hund(en) bewertet, das Treiben und Zusammenhalten der Herde. Hütewettbewerbe haben eine lange Tradition. Schon vor der Gründung des SV 1899 trafen sich Schäfer zu Wettkämpfen mit ihren Herden und Hunden. Vieles muss den Hunden beigebracht werden, die Veranlagung zum Hüten liegt ihnen aber im Blut. Die Landesschafzuchtverbände veranstalten verschiedene Hütewettbewerbe, aber auch einige Hundevereine richten in Zusammenarbeit mit den Schafzuchtverbänden bzw regionalen Schäfervereinen Hütewettbewerbe aus. Hund(e) und Schäfer müssen ein Team bilden, eine Einheit, um die Hüteprüfung gut zu meistern. Der Hund muss bei jedem Wetter einsetzbar sein und sowohl dem Schäfer zu Seite stehen, als auch auf die Schafe aufpassen. Manche Herden bleiben das ganze Jahr über im Freien. Der Schäfer dirigiert die Hunde durch Pfiffe und Zurufe. Die Hunde müssen sehr gut ausgebildet sein und dem Schäfer vertrauen. Sie müssen sich den Schafen gegenüber unter allen Umständen durchsetzen, auch mit Zwicken und Kneifen, aber ohne die Schafe durch Bisse zu verletzen oder durch dauerndes Gekläffe zu verängstigen. Bei der Hüteprüfung hütet jeder Schäfer mit seinem eigenen Hund eine fremde Herde. Aufgaben der Hüteprüfung sind u.a. Ein- und Auspferchen der Herde, ein weites und ein enges Gehüt, Treiben der Schafe über eine Brücke und eine Straße, Verteidigung gegen einen Scheintäter. Weites Gehüt: die Schafe verteilen sich in einem größeren Umkreis, sodass der Hund sie auf weiter Fläche zusammenhalten muss. Enges Gehüt: Die Schafe haben wenig Platz auf der Weidefläche, sodass der Hund sie enger zusammen halten muss. Der Hund muss verhindern, dass die Schafe in Gärten, Felder ect

einbrechen und dort Schäden anrichten oder erlesene Kultur-
pflanzen durch etwa Verbissschäden zerstören.

Als **Therapiebegleithund** wird der Weiße Schweizer Schäferhund
häufig erfolgreich eingesetzt. Durch sein liebenswertes, nerven-
starkes Wesen ist häufig gut für den Einsatz im sozialen Bereich
geeignet. Er muss freundlich und unerschrocken sein und plötzliche laute Geräusche, unangenehme Berührungen (z.B. kräftiges Ziehen am Ohr) usw klaglos ertragen können. Natürlich sollte
man ihn aus der Situation entlassen, falls es ihm wirklich zuviel
wird. Ein Therapiebegleithund begleitet eigentlich die Arbeit eines Therapeuten, also beispielsweise eines Physio-, Ergo- oder
Psychotherapeuten. Alles andere ist Besuchsdienst. Aber auch
Besuchshunde sind für die Gesellschaft wichtig und leisten Be-
achtliches. Der Hund muss körperlich gesund und geimpft sein,
ggfs. entwurmt, er muss keine besondere Ausbildung haben. Er
sollte aber einen guten Grundgehorsam besitzen, äußerst
freundlich sein und schon von Welpe an lernen, dass jeder
Mensch, egal wie er riecht und aussieht, ein potenzieller Spielpartner ist. Besuchs- und Therapiebegleithunde werden in Schu-
len, Kliniken, Gefängnissen, Seniorenheimen usw eingesetzt. Die
Anforderungen sind unterschiedlich. Hier kann ein Powerpaket
gesucht sein, dass stundenlang Ball spielt, dort ein Schmuse-
hund, der sich stundenlang kraulen lässt. Man kann sich bei verschiedenen Einrichtungen (Seniorenheime, Kliniken, Kindergär-
ten usw) erkundigen, ob ein Besuchs- oder Therapiehund ge-
wünscht ist. Besuche in beispielsweise einer Strafvollzugsanstalt
oder auf einer Wachkomastation sind nicht jedermanns Sache.
Natürlich muss das Wesen des Hundes überprüft werden und
man sollte bedenken, dass man feste Termine wahrnehmen
muss (z.B. einmal wöchentlich oder zweimal monatlich). Senio-
ren oder Kinder sind häufig enttäuscht, wenn „ihr" Hund einmal
nicht kommen kann. Sie freuen sich dann aber beim nächsten
Besuch umso mehr. Ein Therapiebegleit- oder Besuchshund muss
sehr wesensfest sein. Unangenehme Berührung (z.B. Ziehen am
Ohr), plötzliche laute Geräusche, Menschengruppen, kranke,

demente, verwirrte, körperlich oder geistig behinderte Menschen, Rollstuhlfahrer, Menschen mit Gehhilfe usw dürfen ihm nichts ausmachen bzw er sollte schon als Welpe und Junghund sorgfältig darauf sozialisiert werden. Man sollte seinen Hund gut beobachten und ihm eine Ruhepause gönnen, falls es ihm einmal zuviel wird. Die Besuche sind meist sehr anstrengend für den Hund. Man sollte ihm danach eine Ruhepause gönnen. Und zwischen den Besuchen braucht er natürlich weiterhin Beschäftigung, Auslauf und seine Kuschelstunden mit seiner Familie. Die Besuche müssen mit dem Pflegepersonal abgestimmt und sorgfältig vorbereitet werden. Der Hund sollte gehorsam und freundlich sein, und eventuell wird ein Wesenstest verlangt. Gründe für den Einsatz von Therapiebegleit- und Besuchshunden sind vielschichtig: psychische und physische Krankheiten, Animation zu bestimmten Bewegungsabläufen des Patienten, Beziehungsaufbau zu einem Tier, einfach die Freude, wieder ein Tier um sich zu haben…

Zuchtrelevante Erkrankungen beim Weißen Schweizer Schäferhund

Beim Weißen Schweizer Schäferhund gibt es KEINE rassetypischen Krankheiten, auch wenn teilweise das Gegenteil behauptet wird. Dennoch kommen auch beim Weißen Schweizer Schäferhund (teilweise) genetisch bedingte Erkrankungen vor, die zuchthygienisch relevant sind. HD ist keine typische Erkrankung des Weißen Schweizer Schäferhundes! Natürlich kommt die Erkrankung auch in der seriösen WSS-Zucht in Ausnahmefällen vor, und aus diesem Grund dürfen die strengen geltenden Zuchtvorschriften nicht nachlässig behandelt werden. Dagegen sieht man leider immer wieder Weiße Schweizer Schäferhunde aus unkontrollierter „Zucht", die teilweise HD schwersten Grades aufweisen und deshalb manchmal eingeschläfert werden.

Ich möchte an dieser Stelle nochmals betonen, dass auch einen Weißen Schweizer Schäferhund aus guter Zucht eine Gelenkkrankheit oder eine andere Erkrankung treffen kann. Man sollte sich durch kontrollierte Zuchtwahl aber weiterhin darum kümmern, dass es auch weiterhin bei diesen Einzelfällen bleibt.

Hüftgelenksdysplasie ist eine in der Regel genetisch bedingte Erkrankung der Hüftgelenke. Aber auch Bewegung, Fütterung usw haben einen gewissen Einfluss. Ein nicht ausgewachsener Hund sollte möglichst wenig Treppen steigen, nicht angeleint neben dem Pferd oder Rad laufen (höchstens der gut gehorchende Hund im Freilauf auf geeigneten Wegen), auch sonst sollte der Hund zwar Sport mitmachen, aber nicht überfordert werden. Weiße Schweizer Schäferhunde sind selten betroffen (gute Zucht und Aufzucht vorausgesetzt), doch kann die Erkrankung bei allen Hunden ab der mittleren Größe auftreten, auch bei Weißen Schweizer Schäferhunden. Zuchthunde müssen ab einem Alter von 12 Monaten auf HD geröntgt werden, es dürfen nur HD-freie Hunde bzw HD-fast-normale Hunde in die Zucht! Derzeit wird auch an genetischen Tests geforscht. Träger könnten dann von vornherein von der Zucht ausgeschlossen bzw bestimmte Verpaarungen vermieden werden. Es gibt auch die Grade leicht, mittel, schwer, die den Hund von der Zucht ausschließen würden. Bei der HD liegt meistens der Gelenkskopf nicht passgenau in der Pfanne bzw diese ist abgeflacht. Normalerweise ist der Oberschenkelkopf kugel- bis walzenförmig ausgebildet und liegt passgenau in der Pfanne. Es darf sich nur ein kleiner Spalt zwischen Kopf und Pfanne befinden. Arthrosebildung und ungenügend ausgebildete Hüftgelenke führen zu Abnutzungserscheinungen und Schmerzen. Symptome der HD sind meist X-Stellung der Hinterhand, Schmerzen, Lahmheiten, Hinken, Verweigern bestimmter Bewegungen usw. HD kann durch Röntgen festgestellt werden. Hierbei wird der Hund in Vollnarkose geröntgt. Normalerweise werden erst erwachsene Hunde geröntgt. Zeigt ein jüngerer Hund Symptome, sollte natürlich auch dieser untersucht werden. Bei Hunden unter einem Jahr ist eine operative Korrektur der Hüfte möglich, bei älteren der Einsatz einer künstlichen Hüfte. Ein Hund kann auch durch einen Unfall Hüftprobleme bekommen. Ein hüftkranker Hund benötigt entsprechend angepasste Bewegung. Auch **Physiotherapie** kann helfen, doch leider sind gute Tierphysiotherapeuten bei uns noch selten. Vielleicht kann der Tierarzt Kontakte vermitteln. Die Zuchtvereine arbeiten an genetischen Tests, bei denen Körpermaterial (Blut ect) auf genetisches Vorkommen der HD mittels Markern untersucht wird. Die HD gilt als Erb-Umwelt-Krankheit gilt. Sie wird vererbt, kann aber auch durch Umwelteinflüsse (Bewegung, Fütterung usw) beeinflusst werden. Gelenksprobleme gehen meist auch mit Arthrosen, also Abnutzungserscheinungen der Gelenke einher. Eine Arthrose ist eine fortschreitende Gelenksabnutzung bzw -zerstörung, eine Arthritis dagegen eine akute Gelenksentzündung. Ein gelenkkranker Hund sollte Bewegung haben, aber keinen Extremsport betreiben. Der Muskelaufbau soll gewährleistet sein, aber zuviel und vor allem falsche Bewegung kann schaden. Zu wenig Bewegung ist ebenfalls schlecht und führt zum Muskelabbau. Radfahren, wilde Sprünge, Agility, Rettungsdienst, Reitbegleitung u.ä. sind nichts für einen hüftkranken Hund. Er sollte auch keine Treppen steigen. Schwimmen, Spazierengehen und Nasenarbeit sind aber für Hüftpatienten gute Bewegung und Auslastung. Die Behandlungen in der Tierphysiotherapie sind wie beim Menschen ähnlich: Krankengymnastik, Unterwasserlaufband, Elektrotherapie, Massagen, Bewegungstherapie, Kälteanwendungen, Wärmeanwendungen wie Fango, Heiße Rolle ect. Je nach Erkrankung werden sie angewandt. Bestimmte Behandlungen sollte nur ein ausgebildeter Physiotherapeut durchführen. Anderes kann man sich vom Physiotherapeuten zeigen lassen und dann selbst durchführen. Es gibt gute Bücher zum Thema, aber man sollte sehr vorsichtig damit sein, auf eigene Faust Behandlungen durchzuführen, falls man keine entsprechende Ausbildung hat. Bewegungen, die der Hund ohne Zwang ausführt, sind sicher nicht verkehrt. Man darf den Hund nicht zu irgend etwas zwingen, schon gar nicht, wenn er akute Probleme hat. In jedem Fall sollte man sich bei einem Tierarzt/ Tierphysiotherapeuten Tips holen. Was bei der einen Erkrankung hilft, kann bei der anderen den Schaden verschlimmern. Bestimmte Futterzusätze mit Grünlippmuschel, Brennesseln und anderen Kräutern wirken entzündungshemmend und helfen, den Knorpel aufzubauen. Sie regulieren keinen Gelenkschaden, können aber Linderung verschaffen. In Absprache mit dem Tierarzt können auch Schmerzmittel gegeben werden. Akkupunktur oder Goldkügelchenimplantationen sind oftmals recht hilfreich. Sie heilen keinen Gelenkschaden, können aber durchaus große Linderung verschaffen. Bei der Goldkügelchenimplantation werden kleine Goldkügelchen mit einem Durchmesser von ca. 1 mm unter Narkose unter Röntgenkontrolle an den Akkupunkturpunkten implantiert. Sie bewirken dort eine Dauerakkupunktur und können die Schmerzleitung unterbrechen. Der Hund hat zwar einen Gelenkschaden, ist aber (fast) schmerzfrei. Solche Eingriffe können nur von spezialisierten Tierärzten in entsprechend ausgerüsteten Tierarztpraxen oder Tierkliniken durchgeführt werden. Man benötigt dazu auch eine spezielle Ausbildung in ganzheitlicher Akkupunktur, Orthopädie und Chirurgie. Akkupunktur wird nicht von jedem Tierarzt angeboten. An speziellen Akkupunkturpunkten werden Nadeln gesetzt und eine Zeitlang dort belassen, um die Schmerzleitung zu hemmen oder zu unterbrechen.

Hunde werden normalerweise im Alter ab 12-24 Monaten auf HD geröngt. Eine schwere HD ist allerdings schon beim Welpen erkennbar, da dieser sich nicht normal bewegen kann. Bei Hunden unter einem Jahr ist eine operative Korrektur der Hüfte möglich, bei älteren der Einsatz einer künstlichen Hüfte.

Ellenbogendysplasie bezeichnet eine Fehlstellung der Vorderbeine. Meistens handelt es sich dabei um ein ungleichmäßiges Längenwachstum von Elle und Speiche. Die Erkrankung kann röntgenologisch festgestellt und operativ korrigiert oder eingedämmt werden. Hohes Körperwachstum und Fütterungsfehler (z.B. durchschnittliches Fertigfutter, ungünstiges Calcium-Phosphorverhältnis, zuviel Getreide) begünstigen die Erkrankung. Der Hund entwickelt eine Arthrose (entzündliche, fortschreitende Gelenksveränderungen), Bewegungseinschränkungen und Schmerzen. Normalerweise lahmt der Hund auf dem betroffenen Vorderbein, die ED kann eines oder beide Gelenke betreffen. Sie kann röntgenologisch festgestellt und operativ korrigiert oder eingedämmt werden. Physiotherapie kann helfen. Futterzusätze mit viel Grünlippmuschel, vernünftige BARF-Mahlzeiten, der Verzicht auf Getreide und eine angemessene Bewegung helfen ebenfalls. Belastete Hunde sollten nicht in die Zucht. Solche Hunde benötigen Bewegung und Beschäftigung in entsprechendem Rahmen. Extremsport kann die Erkrankung weiter verschlimmern.

Der **MDR1-Defekt** kommt hier und da auch beim Weißen Schweizer Schäferhund vor. Der Gendefekt führt zu einer ungenügenden oder fehlenden Synthese des MDR1-Proteins. Normalerweise werden Fremdstoffe, die durch die Blutgefäße in das Gehirn und andere Organe gelangen, erkannt und wieder abtransportiert. Das MDR1-Protein verhindert so das ungeschützte Eindringen von Fremdstoffen. Bei fehlendem MDR1-Protein kommt es bei vielen Medikamenten, Impfstoffen, Narkosemitteln usw zu einer schädlichen Überdosierung, was mit schweren Schäden oder gar dem Tod des Hundes enden kann. Der Hund sollte getestet werden, damit man nicht versehentlich falsche Medikamente gibt. Der MDR1-Defekt ist erblich und erkrankte Hunde sollten nicht in die Zucht.

Speiseröhrenerweiterung (SE) kann beim Welpen vorhanden sein, aber auch bei erwachsenen Hunden verschwinden, weil sie offenbar „auswächst". Beim Weißen Schweizer Schäferhund wurde sie schon in Einzelfällen nachgewiesen. Meistens ist sie beim Welpen zu erkennen, sobald dieser festes Futter aufnimmt. Der erkrankte Welpe nimmt weniger Gewicht als seine Geschwister zu, weil er das Futter immer wieder erbricht. In sehr schweren Fällen müssen solche Hunde eingeschläfert werden. Weniger ausgeprägte Fälle verschwinden beim erwachsenen Hund, weil sich die SE scheinbar „auswächst". Würfe, bei denen Erkrankungen auftraten, sollten komplett geröntgt werden, ebenso die Elterntiere. Sind sie befundfrei, sollte man sie in der Zucht belassen, aber dokumentieren, in welchen Würfen SE auftrat, wobei entsprechende Verpaarungen vermieden werden sollten. Die Vererbung scheint sehr komplex zu sein. Stark betroffene Welpen verhungern schon früh oder werden eingeschläfert.

Myopathien sind Muskelerkrankungen. Die Hunde zeigen Lahmheiten und Muskelschwächen, bewegen sich langsam und steif. Durch eine Elektromyographie und eine Muskelbiographie kann die Erkrankung bestätigt werden. Scheinbar ist die Erkrankung zumindest teilweise erblich. Die Störung der langen Rückenmarksbahnen, die das Gehirn mit Nerven der Gliedmaßen verbinden, ist für die Symptome verantwortlich. Die Feinmotorik kann gestört sein, später kann es durch Entzündungen und Nervenzerstörungen auch zum Muskelabbau kommen. Die Erkrankung ist vergleichbar mit der Amyotrophen Lateralsklerose (ALS) des Menschen. Eine eindeutige Diagnose ist beim lebenden Tier nicht möglich. Erst nach dem Tod des Hundes lässt sich durch die Untersuchung von Rückenmarksschnitten unter dem Mikroskop eine eindeutige Diagnose stellen. Dabei kann man den Rückgang der langen Nervenfasern deutlich darstellen.

Audiometrietests wurden vom BVWS eingeführt, weil in Einzelfällen halb- und manchmal auch beidseitige Taubheit in der Zucht auftraten. Glücklicherweise blieb es bei den Einzelfällen. Selbstverständlich sollten Hunde mit Gehörfehlern nicht in die Zucht. Die Untersuchung ist in der Schweiz meines Wissens ebenfalls Pflicht. Unter leichter Narkose wird mittels elektrischer Impulse das Gehör des Hundes getestet.

Literatur

Aldington, Eric/ Stockmann, Friederun; Vom Körperbau des Hundes; Kynos/ Gollwitzer; ISBN 978-3-938071-31-1

Balzer, Martina; Mein Hund gesund durch Frischfütterung; Müller-Rüschlikon, 2013, ISBN 978-3-275-01913-7

Baumann, Thomas und Ina; ZOS – Zielobjektsuche; Kosmos, 2016, ISBN 978-3-440-15103-7

Becker, Jochen/ Becker, Bettina; Dogs with Jobs – Über tierische Helfer, Helden mit kalter Schnauze und vierbeinige Kollegen; Cadmos, 2009, ISBN 978-386127870-2

Beute-Faber, Roel / Piet; Atlas der Hunde-Anatomie; Kynos, 2008, ISBN 978-3-88627-580-3

Blank, Heiko; Doglife BARF; NOEL-Verlag, 2017, ISBN 978-3-95493-210-8

Blome, Anton; Mein Hund und ich: Unterordnung, Fährtenarbeit und Schutzdienst; Kynos, 2003, ISBN 3-933228-61-1

Boulanger, Robert/ Trautmann-Zenoni, Gabriele; Mantraling; Örtel + Spörer, 2013, ISBN 978-3-88627-580-3

Bruns, Sabine/ Lausberg, Frank; Sport mit dem Hund; Cadmos, 2006, ISBN 978-3-86127792-7

Burns, Marca/ Fraser, Margaret N.; Die Vererbung des Hundes; Örtel + Spörer, 1968

Dolder, Willi (Hrsg.); Hunde: Abstammung – Anschaffung – Erziehung – Pflege – Rassen; Lingen, 1992

Dürrschmidt, Iris; BARF: Bereit, alles roh zu füttern? – Ratgeber zur gesunden Ernährung Ihres Hundes; Verlag Iris Dürrschmidt, 2015, ISBN 978-3-00-047131-5

Falke, Christina/ Ziemer, Jörg; Spiel und Sport für Hunde; Kosmos, 2014, ISBN 3440137732

Faustmann, Martin; Die Wahrheit über den AC Weißen Schäferhund

Fay, Silvia; Der Schweizer Weiße Schäferhund; Books on Demand, 2012, ISBN 9783848204984

Feddersen-Petersen, Dorit; Ausdrucksverhalten beim Hund; Kosmos, 2008, ISBN 3-440-09863-9

Feddersen-Petersen, Dorit; Hundepsychologie; Kosmos, 2004, ISBN 3-440-09780-9

Finger, Karl-Hermann; Hirten- und Hütehunde; Ulmer, 1996, ISBN 3-8001-7325-5

Frei-Dora, Gabi; Der Berger Blanc Suisse – Der Weiße Schäferhund; Müller-Rüschlikon, 2004, ISBN 3-275-01495-1

Führmann, Petra/ Hoefs, Nicole/ Franske, Iris; Das große Kosmos-Spielebuch für Hunde; Kosmos, 2012, ISBN 3-440-11628-9

Grochowy, Peter; Die Abenteuer von Schnuppke Kaluppke und Wackelmax von Ü. – Zwei Spürnasen gehen ihren Weg; Tredition, 2015, ISBN 978-3-7323-2571-9

Haag, Gaby; Naturheilpraxis für Hunde; Kynos, 2011, ISBN 978-3-942335-16-4

Hansen, Inge; Handbuch der Hundezucht; Müller-Rüschlikon, 2003, ISBN 3-275-01307-6

Hansen, Inge; Vererbung beim Hund; Müller-Rüschlikon, 2008, ISBN 3-275-01652-5

Hasse-Schwenkler, Kerstin; Physiotherapie für Hunde; Kynos, 2007, ISBN 978-3-933228-53-6

Heyer, Franz; Hunde gegen den Weißen Tod – Von großen Lawinenunglücken, der Abrichtung und den Leistungen alpiner Rettungshunde; Albert Müller Verlag, 1966

Hinrichsen, Klaus; Der Weiße Schäferhund; Books on Demand, 2000, ISBN 3-89811-715-4

Hinrichsen, Klaus; Meiner Weißer Schäferhund-Welpe kommt ins Haus. Sozialisierung und Prägung bei Welpen. Weisse Schweizer Schäferhunde: Erziehung, Ernährung, Pflege und Vorsorge bei Welpen; Books on Demand, 2012, ISBN 9783848212736

Hinrichsen, Klaus; Weißer Schweizer Schäferhund – Berger Blanc Suisse; Books on Demand, 2013, ISBN 978-3-73229-024-6

Ketschau, A.; Das kleine Buch vom Weißen Schweizer Schäferhund; Books on Demand, 2., überarb. Aufl. 2018, ISBN 9783743192508

Ketschau, A.; Weiße Schweizer Schäferhunde einmal anders; Books on Demand, 2018, ISBN 9783752895605

Ketschau, A.; Weiße Schweizer Schäferhunde: Perlen im Licht der Sonne; Books on Demand, 2018, ISBN 9783746066103

Ketschau, A.; Weißer Schweizer Schäferhund; Books on Demand, 2018, ISBN 9783752823653

Klever, Ulrich; Knaurs Grosses Hundebuch; Weltbild/ Droemer Knaur, 1999, ISBN 3-8289-1553-1

Klever, Ulrich; Knaurs Hundebuch; Droemer Knaur, 1959

Klever, Ulrich; Knaurs Hundebuch; Droemer Knaur, 2. Überarb. Aufl. 1973, ISBN 3-426-00306-6

Klüver, Danja; BARF – Rohfütterung für Hunde; Kosmos, 2016, ISBN 978-3-440-14796-2

Koller, Raphaela; BARF-Rezepte; Örtel + Spörer, 2014, ISBN 978-3-88627-847-3

Krämer, Eva-Maria/ Winning, Marie-Luise; Deutscher Schäferhund; Kosmos, 1993, ISBN 3-440-06365-8

Krautwurst, Friedmar; Praktische Genetik für Hundezüchter; Kynos, 2002, ISBN 3-933228-52-2

Kvam, Anne Lill; Spurensuche – Nasenarbeit Schritt für Schritt; Animal Learn Verlag, 2005, ISBN 978-3-936188-20-2

Laukner, Anna/ Beitzinger, Christoph/ Kühnlein, Petra; Die Genetik der Fellfarben beim Hund; Kynos, 2017, ISBN 9783954641505

Laukner, Anna; Deutscher Schäferhund; Kosmos, 2010, ISBN 978-3-440-12214-3

Linnmann, Silvia; Die Hüftgelenksdysplasie des Hundes; Schaefermueller Publishing, 2012, ISBN 978-3-86542-013-8

Lo Lorey; Die Begegnung – Tobi, mein Freund; Marsh & Marsh, 2016, ISBN 978-3-945295-69-4

Mackensen, Carola; Unser Traumhund: Weisser Schweizer Schäferhund; Books on Demand/Mydogbooks, 2012, ISBN 978-3-8482-1126-5

Major, Evelyn/ Toll, Brigitte; Der Weiße Schäferhund; Verlag Major / Toll, 2001

Major, Evelyn; Der Amerikanisch-Canadische Weiße Schäferhund; Verlag Weiße Schäferhund Union, 1987

Meermann, Silke; Handbuch Hundekrankheiten; Cadmos, 2007, ISBN 978-386127795-8

Michoux, Bénédite/ Jumentier, Daniel/ Gérard, Phillippe; Weißer Schäferhund -HEUTE-; Kynos, 2001, ISBN 3-933228-36-0

Plummer, Brian D.; Polly – A White German Shepherd; Perry Green Press, 1999, ISBN 1-902481-04-6

Räber, Hans; Die Schweizer Hunderassen; Schweizerische Kynologische Gesellschaft, 2008, ISBN 978-3-033-01523-4

Radinger, Elli / Bloch, Günther; Wölfisch für Hundehalter; Kosmos, 2010, ISBN 978-3800173259

Reeves, Jean/ Updike, Diana L.; White Shepherd; Kennel Club Books, USA, 2008, ISBN 978-1-59378-589-5

Reichenbach, Uta/ Lehari, Gabriele; Der zuverlässige Begleithund; Örtel + Spörer, 2009, ISBN 978-3-88627-823-7

Reinerth, Susanne; Natural Dog Food – Rohfütterung für Hunde. Ein praktischer Leitfaden; Books on Demand, 2005, ISBN 3-8334-3063-X

Rosell, Frank; Die Welt der Gerüche; Kynos, 2017, ISBN 395464133X

Rott, Ute; Wohl bekomm's!; Philo Canis, 2016, ISBN 978-3-9818307-0-5

Schäfer, S.L./ Messika, B.R.; B.A.R.F. – Artgerechte Rohernährung für Hunde; Kynos, 2013, ISBN 978-3-93071-11-3

Schäfer, S.L./ Messika, B.R.; B.A.R.F. Junior – Artgerechte Rohernährung für Welpen und Junghunde; Kynos, 2012, ISBN 978-3-938071-46-5

Schlegl-Kofler, Katharina; Das große GU-Praxishandbuch Hundeerziehung; Gräfe und Unzer, 2006, ISBN 3-7742-8844-5

Schmitt, Annette; Weißer Schweizer Schäferhund;: Bede/ Ulmer, 2010, ISBN 978-3-8001-9866-5

Seeger, André; BARF für Hunde; Gräfe und Unzer, 2015, ISBN 978-3-8338-4844-5

Sommerfeld, Corinna; Der weiße Schäferhund.. Ein Wolf im Schafspelz; Selbstverlag, 1995

Sommerfeld, Corinna; Der weiße Schäferhund; Selbstverlag, 1993

Stricker, Martina; Flächensuche mit Hund – vom Freizeitspaß bis zur Vermisstensuche im Rettungseinsatz; Müller-Rüschlikon, 2018, ISBN 978-3-275-02139-0

Tilstra, Ruut; Uit de schaduw in het licht: De Witte Herder; Circum Publishing B.V., Niederlande, 2002, ISBN 90-77002-07-3

Von der Höh, Jacquline; Biologische Rohfütterung für Ihren Hund; Books on Demand, 2010, ISBN 978-3-8423-2578-4

Von Döllen, Gaby und Peter/ Bender, Monika; Weiße Schäferhunde Classic; Verlag von Döllen, 2003, ISBN 3-933055-14-8

Von Döllen, Gaby und Peter/ Bender, Monika; Weisse Schäferhunde; Verlag von Döllen, 1996

Von Döllen, Gaby und Peter/ Toll, Brigitte u.a.; Laila, der Weiße Schäferhund und andere Geschichten; Verlag von Döllen, 1997, ISBN 3-933055-00-8

Von Döllen, Gaby und Peter; Weiße Schäferhunde Kompakt; Verlag von Döllen / Books on Demand, 2000, ISBN 3-933055-16-4

Von Döllen, Gaby und Peter; Weiße Schweizer Schäferhunde – Aktiv, Sportlich, Anhänglich; Cadmos, 2010, ISBN 978-38127875-7

Von Döllen, Gaby; White Frost – Abschied von Atlantis; Verlag von Döllen/ Books on Demand, 2004, ISBN 3-933055-31-8

Von Döllen, Gaby; White Frost – Aquamarin; Books on Demand, 2013, ISBN 9783732290086

Von Döllen, Gaby; White Frost – Nellys Traum; Verlag von Döllen, 2006, ISBN 3-933055-32-6

Von Stephanitz, Max; Der deutsche Schäferhund in Wort und Bild; Fachbuchverlag Dresden, 2015, Nachdruck der Auflage von 1921, ISBN 978-3-95692-621-1

Warren, Cat; Der Geruch des Todes – Einsätze eines Leichenspürhundes; Kynos, 2017, ISBN 9783954641499

Wohlfahrt, Raffael; Ash mischt unser Leben auf – Von den ersten zwei Jahren mit eigenem Hund; Hansdieter Wohlfahrt Verlag, 2018, ISBN 978-3-947-133-02-4

INTERNET:

Weisse Schweizer Schäferhunde (Gaby und Peter von Döllen):
www.weisse-schaeferhunde.de

Bundesverein für Weiße Schweizer Schäferhunde (BVWS):
www.bvws.info

1. Weiße Schäferhunde e.V. Einheit:

www.1-ws.de

Rassezuchtverein für Weiße Schweizer Schäferhunde:

www.rws-ev.info

Verband für das Deutsche Hundewesen: www.vdh.de

Österreichischer Kynologischer Verband: www.oekv.at

Schweizerische Kynologische Gesellschaft: www.skg.ch

Gesellschaft Weisse Schäferhunde Schweiz:

 www.berger-blanc-suisse.ch

Weisser Schweizer Schäferhund Klub Österreich:

www.weisse-schaefer.at

Bundesverein für Weiße Schweizer Schäferhunde in Österreich:
www.weisserschaeferhund.com

Mittelpunktbären (Maren Seker, wunderschöne, handgenähte Hunde und Teddies):

www.mittelpunktbaeren.de

Zooplus (Futtermittel, Zubehör & Co.): www.zooplus.de

Fressnapf (Futtermittel, Zubehör & Co.): www.fressnapf.de

Elli Radinger (Wölfe & Hunde): www.elli-radinger.de

Lilly's Bar (Futterergänzung & Co.): www.lillyssbar.de

Nathalie Dillitzer (Futterergänzung & Co.):

www.futtermedicus.de

Weitere Bücher von der Autorin:

Das kleine Schlittenhunde-Buch; Books on Demand, 2018, ISBN 9783748107194; 18,00 €

Das kleine Buch vom Deutschen Spitz; Books on Demand, 2., überarb. Aufl. 2018, ISBN 9783744892896; 15,99 €

Das kleine Buch vom Dobermann; Books on Demand, 2., überarb. Aufl. 2018, ISBN 9783744811156; 16,99 €

Das kleine Buch vom Tschechoslowakischen Wolfshund und Saarlooswolfhond; Books on Demand, 2., überarb. Aufl. 2018, ISBN 9783744871044; 25,00 €

Das kleine Buch vom Weißen Schweizer Schäferhund; Books on Demand, 2., überarb. Aufl. 2018, ISBN 9783743192508; 16,99 €

Das kleine Buch vom Wellensittich; Books on Demand, 2017, ISBN 9783743192508; 16,99 €

Das kleine Katzenbuch; Books on Demand, 2017, ISBN 9783743180116; 22,99 €

Eisenach: Die Stadt am Fuße der Wartburg; Books on Demand, 2018, ISBN 9783752876659; 22,99 €

Eisenach: Ein Bilderbuch; Books on Demand, 2018, ISBN 9783752802733; 9,99 €

Nasenarbeit für Hunde; Books on Demand, 2018, ISBN 9783746046945; 18,99 €

Rund um die Wartburg; Books on Demand, 2017, ISBN 9783746046945; 19,99 €

Schlittenhunde: Ein Bildband; Books on Demand, 2., überarb. Aufl. 2018, ISBN 9783746077505; 30,00 €

Weiße Schweizer Schäferhunde: Perlen im Licht der Sonne; Books on Demand, 2018, ISBN 9783746066103; 20,99 €

Weißer Schweizer Schäferhund: Books on Demand, 2018, ISBN 9783752823653; 10,00 €

Weiße Schweizer Schäferhunde einmal anders: Books on Demand, 2018, ISBN 9783752895605; 16,99 €

Wellensittiche; Books on Demand, 2018, ISBN 9783746098517; 20,99 €

Katzen: Liebenswerte Seidenpfoten; Books on Demand, 2018, ISBN 9783752839920; 12,00 €

Das kleine Schlittenhunde-Buch

A. Kretschm...
Das kleine Buch vom Deutschen Spitz

Das kleine Buch vom Dobermann

Das kleine Buch vom Tschechoslowakischen Wolfshund und Saarloos-wolfhund

Das kleine Buch vom Weißen Schweizer Schäferhund

Das kleine Buch vom Wellensittich

Das kleine Katzenbuch

Eisenach: Die Stadt am Fuße der Wartburg

Eisenach Ein Bilderbuch

Nasenarbeit für Hunde

Rund um die Wartburg

Schlittenhunde

Weißer Schweizer Schäferhund

Wellensittiche